ZHANFANG ZAI GAOYUAN XIZANG L

绽放在高原

——西藏林芝支教记忆

孟 婷 / 著

全国百佳图书出版单位
时代出版传媒股份有限公司
安徽人民出版社

图书在版编目(CIP)数据

绽放在高原：西藏林芝支教记忆 / 孟婷著. -- 合肥：安徽人民出版社，2021.1

ISBN 978-7-212-10872-4

Ⅰ.①绽… Ⅱ.①孟… Ⅲ.①随笔–作品集–中国–当代 Ⅳ.①I267.1

中国版本图书馆 CIP 数据核字 (2020) 第 070473 号

绽放在高原

——西藏林芝支教记忆

孟 婷 著

出 版 人：陈宝红　　责任编辑：肖 琴
责任印制：董 亮　　装帧设计：陈 爽

出版发行：时代出版传媒股份有限公司 http://www.press - mart.com
安徽人民出版社 http://www.ahpeople.com
地　　址：合肥市政务文化新区翡翠路 1118 号出版传媒广场八楼
邮　　编：230071
电　　话：0551-63533258　0551-63533259（传真）
印　　刷：合肥华云印务有限责任公司

开本：880mm × 1230mm　1/32　　印张：8.75　　字数：210 千
版次：2021 年 1 月第 1 版　　2021 年 1 月第 1 次印刷

ISBN 978 - 7 - 212 - 10872 - 4　　定价：35.00 元

我的“芝”教记忆

全书近乎完成三分之二，才提笔写这篇自序。

我是山西人，出生在小县城里的普通家庭，我的父母像天下所有的父母那样，给了我能力范围内最好的呵护。都说山西人只愿意坚守在自己的一亩三分地，身上没“闯劲儿”，可能我属于异类吧。

24岁的女孩有人称之为“少女”，有人说是“轻熟女”，有人觉得还没长大，还有人觉得可以独立生活了，他们说得都对。以前常常在公众号上看到《20岁慢慢开始明白的道理》《20岁前必须做的几件事》等文章，这些文章20岁的女孩来看，一定会默默点击收藏，告诉自己这就是我未来要做的。因为20岁已经是大人了，有自己的梦想，有自己的自由。可直到24岁，这些事我依旧完成得很少。人越长大，越会为了生活而奔波，自由的时间也会越来越少，曾经想要做的事情也就慢慢搁置了。回想20岁时的“伟愿”，不禁轻轻一笑，好天真、好欢乐的年华！

大学四年，学生工作的付出、学术课业的努力、课余时间做的公益，凝结成美好的助力，终不负我这有心人。本科的毕业季，我有幸成为学校推免生队伍中的一员，并如愿成为中国青年志愿者扶贫接力计划全国第十九届、辽宁师范大学第四届研究生支教团的成员。

奋斗是青春最亮丽的底色。在人生分岔路口，我怀揣执着的理想，奔赴条件艰苦的西部教育一线教书育人，践行辽师大“厚德博学，为人师表”的校训，责重泰山，履职不倦。我乘着通往西藏的列车，从辽宁大连到西藏林芝，从高校学生到志愿教师，用行动践行承诺，用距离实现梦想，在西藏林芝第二高级中学做了一名支教老师。

提起支教，这是我在大学最喜欢、最热爱、最坚守的事情。曾经发起过艺路畅想支教团、梦不停息支教团、大连筑梦语言支教团等支教团队，受益学生达到1000余人。如果问我为什么热衷支教，我想分享一个真实故事：那是我三年前支教时遇到的一个小男孩，他在农村山坡上光着脚走路，我问他为什么不穿鞋子，他说：“脚磨破了还可以再长，鞋子磨破可就没得穿了。”这句话令我深思良久，贫穷使他产生了这样的想法，唯有知识才能改变命运。教育是阻断代际贫困的关键。为此，我坚定了公益奉献的信念和决心。

人生总要遇到不同的人，才会更精彩。支教结束我回到母校继续读研深造，很多亲朋好友都会来问我西藏到底美不美，那里的孩子们都吃什么、穿什么、住什么，高原反应严重吗。我想，这个时候我应该为自己、为曾经经历过的生活写点什么了。

在我的认知里写书是一件略显矫情的事情。我的林芝支教生活很平淡，也很平凡，我没有波澜壮阔的远大抱负，也没有跌宕起伏的生死经历，更没有在西藏邂逅像玛吉阿米一样的爱情，西藏于我，就如同潺潺小溪，无湍急，更无激荡，只是静若止水，平淡如常。我该如何下笔呢？只能一点一滴地慢慢写。

刚开始落笔时，我得到很多朋友的夸赞，加之对西藏的情怀，下笔如有神。原本孤寂的内心有了些许期待，期待我的笔下能写出一个不一样的西藏，于是对写作的渴望也愈加强烈，更深深地爱上了文字。

这些平淡如常的西藏琐碎生活会有人看吗？内心回答我的是一句坚定有力的答案，会有的。毕竟，西藏是一个神奇的地方啊。

这本书记录了我在西部教育一线的见闻感受，它是西部计划志愿者的真实写照。套用路遥先生的一段话：我愿把艰辛的劳动当作青春的必要，即使收获在与我并不相交的未来，我也愿意把孩子的成长当成自己的成长，心平气和地继续耕种。

我希望当我老了，再次拿起这本书，回味我的青春，曾经为一份高尚的抉择奋不顾身，心中也会平添几许幸福吧！我愿意做一名有趣的“芝”教姑娘，和你们分享我的“芝”教记忆。

目录
contents

第一章

志之所趋 无远弗届

人生最大的成就不是光环，而是经历。

1 追梦起点

2013年9月，一个怀着对大学的好奇与憧憬的18岁女孩走进辽宁师范大学，在这里开始执导她的青春影片。

学校的新闻中心曾有过报道："她身上有很多身份。她是舞者，却因受伤不能续缘舞者梦；她是主持人，舞台上的她充满自信和阳光；她是支教老师，面对讲台总是痴心一片。但她更愿意把自己当作孩子，这样她就能不断追寻，不断探索。她就是孟婷，无论她以什么身份出现，都是一路奔跑，梦不停息。"

"梦不停息"支教团成员与当地学生合影留念

没错，梦不停息，源于我的名字——“孟”和“婷”。

从小爷爷就给我讲，“吃水不忘挖井人”。上大学后，我以个人名义创办“梦不停息”支教项目，利用假期时间回到老家支教。当时内心怀揣着助力贫困山区乡镇、改善乡村艺术教育缺乏的信念，我就着手创办了。我的同学见我有如此高涨的热情也纷纷加入进来。尤记得那时，我们为山里的孩子准备了三堂小主持人课、一堂朗诵课、一个公益演讲和百余个有声读物。麻雀虽小，五脏俱全。

第二年，学校听说支教团办得出色，决定加大扶持力度，尤其校团委给予专项经费支持支教活动，我感到特别温暖。整个支教过程学校领导给予我很多关注和指导，团队规模渐渐扩大、逐渐正规起来。

辽宁师范大学影视艺术学院第一批支教团项目启动仪式

由于我们是艺术学科，当时团中央指导下的全国“青春爱唱响”高师院校艺术类社会实践专项行动正在火热进行中，我们就决定发起“艺路畅想”支教团，每年暑假带领一批又一批师大学子赴山西进行艺术类支教。这个项目能够顺利实施离不开校团委、院党委团委老师的殷切帮助以及当地团县委的支持。几年下来，80 多名大学生志愿者实现了自己的公益梦想，500 余名小学生也实现了自己的艺术梦想。从这个时候起，支教老师就成了我身上特有的印记。

“艺路畅响”第三批支教团

依旧，梦不停息。我考察了几所大连的中小学校，学校里依旧有很多支付不起昂贵的艺术学费的外来务工子女以及普通话水平欠佳的孩子们，我决定把口语传播课带到中小学校本课程中去，免费为他们上课。我连续两年时间一直担任大连市马栏小学、锦绣小学、十四小学和十四中学校本课播音主持公益教师。可喜的是，公益课堂项目惠及大连市 4 所中小学 1000 余名学生，得到大连市关工委等教育部门的支持并在《大连晚报》、《半岛晨报》、东北新闻网等 20 余家媒体报道宣传。我知道，成长需要机遇，奉献需要平台。

新时代青年要有家国情怀，生活在这个蓬勃发展、前景光明的

孟婷在大连马栏小学上校本课

新时代是我们90后的荣幸。但同时，我们也应该清楚地了解到，我国幅员辽阔、地大物博，区域发展不平衡，东西差距、城乡差距发展明显，目前还有3000多万人处在贫困线上，他们的孩子上不起学。当我们这一代绝大多数人都在追求品质生活、美好生活、幸福生活的时候，这3000多万人还在为每日的柴米油盐煞费苦心、奔波操劳，尤其是在一些偏远地区，教学环境依旧很恶劣，所以我想做一束光，去照亮他们。

2016年，我即将大四毕业，考研、找工作令我内心躁动不安。沉睡已久支教的心，再一次被唤醒。9月下旬，经过学校层层选拔，我成为推免研究生中的一员，保送至本校继续攻读硕士研究生。和大多数人不同的是，我要去西藏支教一年。这一次，也迎来了我的新时代、我的新征程。

青年兴则国家兴，青年强则国家强。习总书记说过，青年一代有理想、有本领、有担当，国家就有前途，民族就有希望。于我而言，西藏就是我树立理想、增强本领、勇于担当的地方。西藏，我梦想的起点。

电影《阿甘正传》　导演：罗伯特·泽米吉斯（Robert Zemeckis）

“生活就像一盒巧克力，你永远不会知道下一块是什么味道。”这是《阿甘正传》最经典的台词，也是我常挂在嘴上的一句话，不看《阿甘正传》相当于没看过电影。确实，人生就像是一块巧克力，品着有滋有味，而喜欢巧克力的人必然也会接受巧克力的各种滋味。人生，不管是顺境还是逆境，只要我们有一颗热爱生活的心，都会看到希望出现，去接受生活的给予，更加自信地面对一切未知。

2　人生路，自己选

一直以来，我都是一个喜欢有仪式感的女孩。缺少仪式感的生活，难以称作是生活。小时候开学第一天，我都会精心打扮自己，换上新衣服、新鞋子，抑或是戴上自己最钟爱的饰品、背上崭新的书包，一定要将“过去的自己”和“现在的自己”区别开来。

24岁，是人生的转折点，要面临大学毕业，青春躁动不安的内心跌宕起伏，在人生十字路口徘徊不定、犹豫不决。

有人选择——继续读研。

为什么要读研？答案五花八门："妈妈让我读研。""读研后能有个好工作。""能找个高学历的配偶。"有的人为了提升学历，有的人为了提升自己，有的人为了能搞科研，等等。没错，知识改变命运，是不变的真理。这是一个极为稳妥、保险的选择。

2017 年孟婷在辽宁师范大学影视艺术学院本科毕业典礼领奖台上与大家合影

而有人选择——走向社会。

因为年轻，很多人愿意去北上广闯荡一番，有的人一毕业来不及闯荡，父母已为他们找好参加国考的培训班上课，争取在自己的小城市考个公务员，抑或是当个老师、医生等。

还有人选择——先成家，后立业！

老话常说，有了家庭，就有了责任，有了责任，才会有约束，而约束能使人更好地进入生活。

我也没能逃脱这几项选择，支教就是我的理想。

电影《一代宗师》里宫二说：“武学的最高境界就是见天地，见众生，见自己。”人生又何尝不是呢？先要看清自己，才能遇见更好的命运。

当你在写字楼里做着 PPT 汇报时，背包客正在举着相机抓拍南迦巴瓦峰的日照金山；当你在看报表时，巴松措的野生猴子正蹿上树梢；当你在人山人海的地铁上挤来挤去时，可可西里无人区一批又一批探险队带着无人机穿越其中；当你和丈夫为鸡毛蒜皮的小事争吵、为孩子咿咿呀呀头疼时，到西藏支教的伙伴们正围着火堆把酒当歌。

有些道路，穿着高跟鞋到不了。

有些空气，喷着香水闻不到。

有些面孔，霓虹灯下看不见。

24 岁，一个世纪的四分之一，我不接受被安排好的人生，人生的道路，我自己选择。

常听电视里说，等孩子长大了，我们老了，就抛下一切去周游世界。但我不想在等待中耗费生命的余温，生活里多一些疯狂、少一些理智，有何不可？不要等到老了，走不动了，手里紧握一张遗愿清单，再去追梦。

我想对自己说，超越自己并不一定会取得多大成就，只是让你活得比原来的自己更好一点。这世上有一种成功，叫作用自己喜欢的方式，去度过一生。

电影《绿皮书》　导演：彼得·法拉利（Peter Farrelly）

“一段旅程，两种人生”——这是我看过这部电影后最大的体悟。《绿皮书》改编自真人真事，讲述了一段跨越种族和阶级的友谊。这部影片可以被列为 2019 年必看电影清单了，它颠覆了以往关于“种族歧视电影”的主角风格，黑人高贵优雅，白人粗鲁纯善，形成了有趣对位。这部电影还有一种难得的温情，这种温情来源于它对这个复杂多变的世界的包容。世界在进步，我相信世界也需要更多的包容，这部影片能够摘得第 91 届奥斯卡小金人，实至名归。

3　支教的意义

阶层无论何时都会存在，有人从出生起就读贵族学校，接受精英教育，而有人需要跨越几座大山才能去上学，想着“知识改变命运”走上读书之路。

支教作为教育的领航者，其意义在于创新。确实，短期支教现在已经成为大学生的一种潮流，很多师范大学的社会实践都选择短期支教。但这并不能否定支教对于教育的意义。

读小学的时候，我在山西一个小县城读书上学。那个时候师资条件并不优越，上课还会用方言教学。我是三年级才开始接触英语，耳边听到的不是“中国式英语”，而是“山西方言版英语”，有点滑稽。

记得在寒暑假的时候，学校会请一些名牌大学的学生或是大城市的老师来讲课。记忆犹新的是有个大姐姐给我们讲语文课，那是我从未见过的语文课，生动活泼，有趣极了。我听得入神，恨不得让时间停留在那一刻。

有一次课上大姐姐点名让我回答问题，我环顾四周羞怯地只言几句，大姐姐并没有如同我的语文老师那样，指责我声音小，相反对我赞不绝口，末了还跟我说："简单的事情重复做就是专家，重复的事情用心做就是赢家，我看到你很用心地在学，以后一定会有收获。"这样的教育风格，在当时的环境是很少见的，却对少年的我意义重大，一次微不足道的鼓励，也许就是激励我前行的动力。

他们的到来可能不会让我在期末考试分数提高多少，但至少让我这个"井底之蛙"看到了外面的世界，他们会告诉我学习的乐趣在哪，如何从书本以外学知识，还会促使我在学习上鼓足干劲、奋发向上。支教的意义不只是教给孩子们知识，更重要的是带给孩子们一个积极的人生态度，勇敢做梦，敢于尝试，这就是我接受支教的意义。

著名演员江一燕在一次访谈中提到，她刚刚迈入支教大门时屡受挫折。江一燕第一次短期支教结束不久，就收到了当地小学校长的反馈，校长说的话很直白："其实，你们不如不要来做这件事。"因为校长担心新的方式会产生不好的影响。比如：被支教的学校会认为大学生打乱学校原定的学习计划；被支教的学校老师认为只有上课和做题才能提高成绩而支教未必；被支教的学校还会认为短期支教并不会起到多大的作用。

支教老师的到来，如果只是打破了他们的生活习惯，在给予他们希望之后又全身而退，那么留下的只是一个无法弥补的空穴。可是

“梦不停息”支教团公益课堂上的学生

我看得到江一燕在努力，她每年都会抽出几个月的时间去支教，那对于孩子们来说是一种希冀，是一种寄托，他们能从中感受到外界有人在关注他们、帮助他们，他们不是孤单的。

在支教的日子里，对于孩子们来说我只是过客，我不奢望去讲多么深刻的道理，也不幻想通过什么去影响改变他们的一生。我只希望像曾经那位大姐姐对我一样，哪怕只有一句话可以点燃他们的希望、融入他们的心灵深处，让他们能够比从前的自己长大一点点、进步一点点，受到一点点启发和触动，最终能明白上学和学习的意义，足矣。

支教的日子里，孩子们脸上都热情洋溢，在课上做游戏、互动交流，甚至是闹矛盾时，看到支教老师之后，每一个孩子都会回馈最质朴的笑容，那种满足感的到来是一名支教老师最幸福的时刻！

陶行知说过：“捧着一颗心来，不带半根草去。”支教最终还是归为教育。一名合格教师的职责是教书育人，是为人师表，给学生以知识、教育和关爱。

写到这里，我突然意识到支教的意义已经不重要了，重要的是你是否做了一件自己认为有价值的事情，这就够了。葡萄牙作家佩索阿说过一段话：“除掉睡眠，人的一辈子只有一万多天。人与人的不同在于：你是真的活了一万多天，还是仅仅生活了一天，却重复了一万多次。”

《精进：如何成为一个很厉害的人》　作者：采铜

精进在佛学中是努力向善向上的意思，当下社会每个人都想成为更好的自己，都想大有一番作为，但是盲目的努力只是一种徒劳的叠加，我们需要一种更高效、更有效的提高自身能力的方法。这本书的作者采铜早在多年前已是豆瓣知名大咖，他从时间、选择、行动、学习、思维、才能、成功七个方面一一规划精进之路。可能我不会成为多厉害的大咖，但我相信会成为更好的自己，变得精进。

4　为何来到西藏？

——因为“记者”

在西藏时，我最喜欢跟学生提到一个职业——记者，我经常和他们分享记者故事，将白岩松、柴静、王宁、李小萌、蒋林等“教科书式”的记者经历讲给他们听。这也导致很多学生在理想墙上写下了

"以后我要当一名记者"这样的誓言。在我的眼中，记者是去别人不敢去的地方，记者，也要去别人去不了的地方。

为什么这么说呢？这源于我的理想：做一名记者。从小我就喜欢记者的行业，每年记者节我都会蹲守在电视机前观看中国记者节特别节目《好记者讲好故事》。年复一年，一批又一批好记者的故事感动着我，他们站在风口浪尖，在突发事件面前临危不惧，以笔为刀，勇敢揭露社会的不公，这是我最敬服的地方。

"因为我初到国外，我发出的声音代表的是中国共产党和中国政府的声音。我写到的所有关于利比亚战场的细节，我可以保证都是我亲眼看到的。我要对读者负责任，我要对国家负责任。"《人民日报》

实习记者孟婷采访出镜报道

驻外记者焦翔在采访中说道。

坚守藏地，故事如书。她叫陈琴，中央电视总台西藏记者站站长，被观众称为“新闻战线上最可爱的人”。陈琴在新闻岗位上已奋战20余年，到西藏工作也有六七个年头了，她常常这样描述自己的工作环境：“无论是身处海拔6500米的高山，还是寂寞荒凉的无人区，甚至是直面生死考验与亲情离别，对我而言，完成报道任务往往是第一位的。”西藏的这份工作在常人眼中是艰苦的，是困难的，在陈琴眼中却是快乐的，因为她热爱这份事业。

人生最大的成就不是光环，而是经历。我庆幸自己上大学时与“记者”结缘。大学有个热爱新闻岗位的老师，他的课总是激情澎湃，后来因为他我加入了“中国大学生记者团”，踏上了记者的最初之路。

记得有一次和搭档在食堂吃饭，刷微博看到大连某美容医院发生火灾，我俩放下碗筷直奔现场。到达现场，事故地已被消防和公安部门封锁，进不去，我们只能就地取材，选取最佳位置进行现场报道。那是我第一次扛起摄像机、手握话筒面对镜头记录真正的新闻，我内心十分紧张，面对镜头却还得保持着冷静，就是这一个多小时的时间让我学会对待突发事件时要保持镇静。

当时捕捉的画面、表述的内容并没有在电视媒体播出，但是这个新闻短片成为新闻课上分数最高的作品。

记者不易，女记者更是不易。我记得有年冬天凌晨5点多，我和搭档正准备去拍一个公交车司机的纪录片，刚出发没多久就遇到了突发事故，前面一辆轿车把一个老奶奶撞倒在地，这个时候交警和救护车还未赶到，现场乱作一团。

就在我还没反应过来时，搭档一把拉我上前，先是咨询现场情况，接着脱下自己的外套盖在老奶奶身上保暖，最后帮肇事司机拿出警示牌保护现场。看到这一幕，我都惊呆了，事后回想起来，不禁觉得男孩子在危急时刻还是比女孩要镇定，我相信他也是第一次经历这种情况，心里很慌。

救护车、警车随后赶到现场抢救，我扛起摄像机追上前想拍到第一手素材。当我问到老奶奶情况如何时，医生对着镜头说："凌晨 × 点 × 分抢救无效，宣布死亡！"我清楚地记得，那个画面镜头全程晃动，我的手一直在发抖，一个活生生的生命在我面前就这样没有了。我害怕极了，脑袋里一片空白，内心拼命地告诉自己不能害怕，不能慌张，因为此刻我是个记者，一个还原事实真相、伟大而光荣的记者。我坚持扛着摄像机把那条新闻素材拍了下来。

后来电视台联系到我们，我们把手里的素材交给新闻中心，把整个事件讲给他们听，他们对我和搭档的临场紧急处理能力表示称赞。

两年时间我和搭档共采访报道了 70 多条民生新闻，认识了各行各业的人，也遇到过形形色色的事情。虽然我们的报道并不是惊天动地的，但我们发现，当你为身边的百姓振臂而呼，能帮他们解决一点点小事，能对这个社会做出些许贡献时，你就会觉得一切都是值得的。每一份工作都容不得半点马虎，这两年来我更是学会以工匠的精神对待每一个采访和报道，讲述真实、温暖的人生。只有亲身经历、亲自体验过后，才会懂得每一份温暖背后真实的人生。

正是这两年记者的经历，才让我有勇气来到西藏，来做我认为最值得的事情。脚下沾有多少泥土，心中就会沉淀多少真情，信念告诉我：年轻就要去闯、去拼，去体验不一样的人生。

《看见》　作者：柴静

她是主持人，我也是；她是山西人，我也是；她总是关注新闻里的人，我也是。她从一开始对新闻一无所知，尝遍失败、迷茫和惶恐，直到如今成为央视最受欢迎的女记者和主持人。采访是她这些年做得最多的事情，无论是汶川地震、征地拆迁、家庭暴力，还是卢安克、药家鑫，我们在她的采访报道里看到的是一个个具体的人，在他们身上，也可以看到我们自己。他们的故事，某种意义上也是你和我的故事。看见，和你遇见。

《不要因为走得太远而忘记为什么出发》　作者：徐泓

这是一本记录央视新闻评论部的书，它汇集了陈虻生前在评论部的点点滴滴，从纪录片角度出发，从民生老百姓出发，让我们从一个个小人物去认识世界、认识社会。陈虻是我大学本科播音主持概论课上常常听到的大咖名字，是主持人柴静屡屡提到的恩师，是崔永元、白岩松等著名主持人心中的领袖人物，因此，我敬佩陈虻，敬佩他的好友为他写的这本书，让新闻爱好者看到一个新闻人该有的激情、勇气和力量。我希望每个人时刻谨记，不要因为走得太远而忘记为什么出发！

第二章

志愿青春 奉献高原

到西部去，到基层去，到祖国最需要的地方去。

1　西藏，我来了

西藏作为国内的旅游胜地，可谓无人不知无人不晓。那里有日光城拉萨、雪域江南林芝、神山冈仁波齐、圣湖纳木错、羞女峰南迦巴瓦峰，还有险峻崎岖的阿里墨脱，等等。

2017 年 7 月 20 日，穿行大半个中国，近 70 个小时的舟车劳顿，不觉时间流逝，只有断断续续的手机信号在提醒着我，梦想的地方更近了……

随着海拔不断上升，大家有了或多或少的高原反应。我对于高原反应根本没有概念，更不知道高原反应会怎样。火车经过兰州、西宁再到格尔木，我领略到了高原反应的厉害：头痛得不行，一吃东西就想吐，带队老师说这就是高原反应，期间一直到抵达拉萨后三天不要洗头洗澡、不要着凉。这就是我对西藏的第一印象——高原反应。

第一次离家这么远，第一次离天这么近。历经 3000 多千米从令我恋恋不舍的山西一路途经内蒙古大草原、青海湖、可可西里无人区，来到美丽的大西藏，说实话我真的抵抗不住这里的美。每天早上起床都能看到远处的日出、近处的牛羊，我想要将那一切都记录下来。

这一路，曾经陌生的伙伴将成为终生挚友；这一路，伴随海拔的升高，也将刷新我人生的高度。

辽宁师范大学第四届研究生支教团成员拉萨站合影

电影《七十七天》　导演：赵汉唐

喜欢江一燕，所以也喜欢《七十七天》。其实你与西藏的距离，不是信仰，而是通往青藏高原的种种经历——你经历过雪崩吗？你经历过泥石流吗？你经历过高原反应吗？如果你和死亡擦肩而过，与危险近在咫尺，你就能感受到心跳的加速，此后一切平淡你都会心怀感激。

纪录片《第三极》　导演：曾海若

这是一个以将近40个故事的体量讲述西藏之美的纪录片。以一个在西藏生活一年的自己来评判这部影片算是很真实，西藏的景就是那样美，人就是那样淳朴，故事就是那样动魄。

纪录片《极地》 导演：程工

人们常说“知足常乐”，没错，幸福属于知足的人。如同《极地》里说的：“此生是人，已是最大的幸运。”之所以我们认为生活有趣，是因为我们有更多的选择机会，我们可以选择随波逐流在北上广只身奋斗，还可以选择安居乐业，也可以选择像这里的藏民一样，平凡、简单，把生活努力过好。

电影《皮绳上的魂》 导演：张杨

我的藏族好友先明次仁曾为我推荐过他最喜欢的藏族作家扎西达娃的小说《西藏：系在皮绳扣上的魂》。不得不说，西藏真的是文学和电影艺术的天堂，有人说《冈仁波齐》是安静内敛的，而《皮绳上的魂》是狂野彪悍的，里面人物命运错综复杂，不仅烧脑而且直击人心！

电影《冈仁波齐》 导演：张杨

神山冈仁波齐位于西藏阿里。多少朝拜的人一路磕头向北直至神山冈仁波齐。张杨导演很聪明，他选择72岁老人、即将临盆的孕妇、尚且懵懂的9岁孩童等人物角色组合成一只特殊的朝拜队伍，对于我就有很强的猎奇心：他们一路上都会发生什么？坚持下去了吗？他们每个人的目的是什么？他们都有怎样的过往经历？我想多数人对于藏族人的生活是不了解的，也是充满好奇的，这部影片足够满足你。

2　你好，西部计划

今天是报到的第一天，一下火车我们就收到洁白的哈达。来自祖国五湖四海的近 900 名志愿者在拉萨北京实验中学报到，举行西部计划出征活动仪式。

什么是西部计划？什么是研究生支教团？大学生志愿服务西部计划（简称“西部计划”）是经国务院常务会议决定，由团中央、教育部、财政部、人力资源和社会保障部共同组织实施的一项重大人才工程。从 2003 年开始，每年招募一定数量的普通高等学校应届毕业生或在读研究生，到西部基层开展为期 1~3 年的志愿服务工作。西部计划专项包括服务三农专项、医疗卫生专项、基层青年工作专项、基层社会管理专项、服务新疆专项、服务西藏专项以及研究生支教团。

中国青年志愿者研究生支教团由共青团中央、教育部共同组织，从 1998 年开始组建，1999 年开始派遣，采取自愿报名、公开招募、定期轮换的“志愿 + 接力”方式，每年在全国部分重点高校中招募一定数量具备保送研究生资格的学生到国家中西部贫困地区中小学开展为期一年的支教志愿服务，同时开展力所能及的扶贫服务。从 2011 年起，研支团已并入团中央、教育部、财政部、人力资源和社会保障部共同实施的西部计划当中。

“用一年不长的时间，做一件终生难忘的事情”这句话在培训期间每天都会听到，耳熟能详。连续一周时间，自治区团委对我们志

西部计划西藏专项志愿者出征仪式

志愿者晚会主持人合影

愿者进行关于“高原健康和保健知识讲座”“西藏区情及基层工作解析”“保密知识培训”“西藏风土人情、历史宗教文化讲解”等专业培训和岗前培训，加强对西藏地区各方面的了解。

7月28日，志愿者们组织了丰富多彩的志愿者联欢活动。幸运的是，我成为晚会主持人之一。第一次身着藏装站在雪域高原的舞台上，内心少不了激动。“一次美丽西藏行，终生雪域高原情。感谢缘分让我们相聚在雪域之都拉萨，大美西藏，无限生机，深深吸引了众多有志学子建功立业……”这是我在志愿者出征晚会上的开场白，站在台上，看着台下2000多名即将奔赴各自岗位的志愿者们，我知道，坐在这里的我们，已经成为一名有理想、有担当、有情怀、有信念的成年人了。

国家领导人尤为重视西部计划这只庞大的志愿者队伍，在此整理分享一些领导人历年对于大学生志愿服务西部计划的批示以及回信：

·2005年7月12日，时任中共中央总书记胡锦涛就实施大学生志愿服务西部计划作出重要指示：“高校毕业生是国家宝贵的人才资源。实施大学生志愿服务西部计划，有利于开辟高校毕业生健康成长的新途径，有利于推动西部地区的经济社会发展。各级党委、政府和有关部门一定要从全局和战略的高度重视这项工作，总结成功经验，完善政策措施，健全工作机制，引导和鼓励更多的高校毕业生到西部、到基层、到祖国最需要的地方去，磨炼意志，增长才干，为实现全面建设小康社会的宏伟目标贡献自己的智慧和力量。”

·2005年7月19日，时任中共中央政治局常委、国务院总理温家宝在中国地质大学（武汉）志愿到西部服务和就业的2005届本科毕业生来信上作出重要批示：“大家志愿到西部服务和就业的志向、勇气和决心使我深受感动。你们的选择是正确的。我深信你们在西部艰苦工作的锻炼，必将成为你们生命中最宝贵的财富。”

·2008年7月9日，时任中共中央政治局常委、国务院总理温家宝在浙江林学院16名西部计划抗震救灾志愿者联名信上作出重要批示：“请浙江省委转告来信的同学们，读了他们的信，非常高兴，也深为他们志愿到祖国需要、环境艰苦的地方努力创业的精神所感动。作为新一代年轻人，他们是大有希望的。谨向他们致意，并向全校师生问候。”

·2009年7月20日，时任中共中央政治局委员、国务委员刘延东回信中山大学研究生支教团志愿者，勉励他们继续到基层、到艰苦地区、到西部地区建功立业、报效祖国。①

·2011年5月10日，时任中共中央总书记、国家主席、中央军委主席胡锦涛给中国青年志愿者北京大学第十二届研究生支教团成员回信，对支教扶贫青年志愿者不怕艰苦、竭诚奉献，为推动西部地区教育事业发展所发挥的积极作用以及在支教扶贫实践中的成长进步，给予了充分肯定，对不断推进支教扶贫工作和青年学生在实践中锻炼成才提出了殷切希望，为当代青年特别是青年学生健康成长、为青年志愿服务事业发展进一步指明了方向。②

·2011年11月2日，时任中共中央政治局常委、中央书记处书记、

① 《西部计划官方微信、微博正式开通》，大学生志愿服务西部计划。
② 《胡锦涛回信北大研支团鼓励“向实践学习”》，腾讯网。

国家副主席习近平在新华社《研究生赴西部支教扶贫成效、问题及对策》一文上的重要批示：搞好西部艰苦地区教育工作，师资很重要。团中央、教育部组织实施西部支教扶贫工作，是团工作的创新之举，是推动教育公共服务和教育资源均等化的重要举措，也是培养年轻人的有效途径，很有必要，富有成效，要长抓不懈、抓实抓好。下一步要认真总结经验，强化规范指导，合理扩大规模，加强培训工作，纠正不良倾向，解决存在的问题，提高支教扶贫的针对性、有效性。要着眼提高年轻人思想政治素质，让他们在服务基层中经受锻炼，不断提升国情认知、精神意志、品德观念和能力才干。要结合国家需要的人才发展规律研究制定年轻人后续培养使用的配套政策，不断完善支教扶贫相关制度。团中央、教育部要会同中组部等相关部门齐抓共管，形成合力，更好地服务新一轮西部大开发和人才强国战略。

·2012 年 9 月 1 日，时任中共中央政治局常委、国务院副总理李克强给中国科学技术大学研究生支教团第十三届支教队队员回信，向同学们表示诚挚问候，勉励广大青年“经历铸就人生，奉献体现价值”，希望同学们把支教生活作为加油站，更加勤奋地学习工作，在报效社会中创造美好生活。[①]

·2014 年 5 月 3 日，中共中央总书记、国家主席、中央军委主席习近平给河北保定学院西部支教毕业生群体代表回信，向青年朋友致以节日的问候，勉励青年人到基层和人民中去建功立业，让青春之

① 《学习李克强副总理的回信简报》2012 年第 24 期，大学生志愿服务西部计划。

花绽放在祖国最需要的地方，在实现中国梦的伟大实践中书写别样精彩的人生。[①]

《到西部去》　大学生志愿服务西部计划主题歌

这绝对是一首蓬勃向上、充满力量的歌。第一次听到，是在拉萨北京实验中学培训时循环播放的，里面那句歌词最熟悉不过："到西部去，到基层去，到祖国最需要的地方去。"在这首歌里，我竟然找到去西藏支教的理由和那种坚定不移，因为这个选择，西部的明天更加美好，因为这个选择，我们的青春更有意义。

3　以志愿之名宣誓

2017年8月1日，所有服务林芝的志愿者抵达目的地，在"林芝市2017届西部计划志愿者出征仪式"上我担任志愿者宣誓领誓人。依稀记得当时在出征现场拿着话筒，带着所有志愿者宣誓的那一幕：

> 我愿意成为一名光荣的志愿者。
>
> 我承诺：
>
> 尽己所能，不计报酬，帮助他人，服务社会。践行志愿精神，传播先进文化，为建设团结互助、平等友爱、共同前进的美好

① 《习近平给河北保定学院西部支教毕业生群体代表回信》，中华人民共和国中央人民政府。

社会贡献力量。

承诺人：孟婷

天下没有远方，四海皆是故乡。从这一日起，志愿者们就是伙伴，是同事，是家人，是战友。虽然远离故土，但我们收获了第二故乡，相聚于此，林芝便成为大家拼搏奋斗的地方了。

孟婷在林芝市西部计划志愿者出征仪式上领誓

“奉献、友爱、互助、进步”这样的志愿者精神每个人都熟记于心，能看得出大伙儿的热情，这一年愿这样的精神得以广泛传播，让志愿服务事业得以蓬勃发展，队伍不断壮大，有更多的人加入我们。

这一天，阳光很灿，天空很蓝，同伴们迎着阳光写下了自己的青春诗句，乘着清风追寻最精彩的志愿略影。

《筑梦雪域江南》　藏族教师——园丁之音

雪域江南意指西藏林芝，也就是我所支教的地方。这是一首园丁之歌，唱给所有在林芝任教的人民教师。歌词中提到：我们倾注心血浇灌，雏鹰的梦想从江南腾飞，我们沐浴温暖阳光，青春的理想从雪域腾飞。在林芝，每每参加教育局举办的晚会，这首歌曲都会如期出现。我在林芝筑梦，愿我教过的所有孩子未来可期，不负韶华。

4 我把西藏讲给你听

2017 年 9 月 8 日，迎来了我在西藏的第一个志愿服务——在“全国旅游援藏工作会议”中担任青年志愿者。

首次以导游志愿者的身份迎接全国旅游单位的大咖，我还是很紧张的。紧张的是，要足够了解西藏、足够了解林芝，也要足够了解自治区的旅游文化，于是我开始疯狂地“补课”。

正是了解西藏的这段日子，我对西藏和林芝地域文化愈加熟悉。于是我开始走访一些当地老百姓，或是询问藏族的老师，之后搜集了很多西藏的资料，我知道只有把这些书本上的东西和我听到的故事相结合，融合成自己的东西才会很自然地讲给别人听。

听当地的百姓讲起，西藏在很久以前不叫西藏，他们叫西藏为“蕃”，据说在唐宋时期叫作“吐蕃”，在元明时期叫作“乌斯藏”，在清朝的时候又有人叫“唐古特”“图伯特”，直到清朝康熙年间才开始叫作“西藏”。

难以想象这片拥有世界之巅的土地，在距今 6 亿至 2 亿年的古生代时期，曾经是一望无际的大海，直至距今约 3000 万年的始新世末期，强烈的喜马拉雅运动结束了这里的海洋历史，且在 200 万至 300 万年前发生强烈隆起，才形成世界上平均海拔最高的青藏高原。

这里神秘美丽，这里天地辽远，这里也是登山爱好者的专属乐园，这就是西藏。每年都有来自世界各地数不清的登山爱好者们，经过专业训练后，相继奔赴高寒缺氧的珠穆朗玛峰，向世界第一峰发起登顶挑战。

西藏可以用“惊艳”这个词形容，它有太多太多神秘而又让人着迷的地方，这里景色绚丽多姿，拥有从草原、湿地、草甸、湖泊、河谷、林海到高原冰川、雪峰等各种壮丽的立体景观。

不仅如此，西藏独特的高原地理环境和历史文化，催生了数量众多、类型丰富、品质优异、典型性强、保存原始的旅游资源。举世闻名的世界第一高峰——珠穆朗玛峰，被誉为地球的“第三极”；世界第一的雅鲁藏布大峡谷，享有世界“生物资源基因宝库”“植被类型天然博物馆”“地质类型博物馆”的美誉；还拥有世界文化遗产布达拉宫、大昭寺、罗布林卡等。

而西藏林芝，素有“西藏小江南”之称，一句“人间净地，醉美林芝”常常挂在我嘴边。林芝古称“工布”，藏语音译为“尼池”，寓意是“太阳的宝座”。林芝的平均海拔在3000米左右，就高度来讲算是西藏海拔偏低的地方了。林芝是一个以藏族为主体，汉、门巴、珞巴等11个民族和僜人等多民族生活在一起的聚居区。林芝旅游资源很丰富，世界第一大峡谷雅鲁藏布大峡谷、中国最美山峰南迦巴瓦峰、最美

孟婷担任全国旅游援藏会议志愿者

孟婷和林芝当地导游合影

冰川米堆冰川以及巴松措、鲁朗等一大批闻名遐迩的好去处就坐落于此。

“天上一条银河，地上一条天河”，在西藏这条“天河”就是雅鲁藏布江，它孕育了源远流长的远古文化，被藏族人民视为“母亲河”。它的支流就处在林芝，在进入下游米林县境内时，迎面遇上南迦巴瓦群峰的阻挡，它在群山中艰难寻找地壳的最薄弱位置，千万年间终于切割出一系列急弯河道，形成现在知名的雅鲁藏布江大拐弯。

说到南迦巴瓦峰，西藏百姓还称其为“冰山之父”，称冈仁波齐峰为“冰山之母”。据珞巴族的老百姓讲，这两座山峰本是一对心地善良的恩爱夫妻，从不杀生害命，在它们的怀抱里依偎着香獐、白鹿和野羚牛。可是狠心的罗刹王看中这片净土后，派遣差使下凡，并加持魔力，将“冰山之父”南迦巴瓦峰强行搬到东边，使得这对夫妻各居东西而不能团圆。每次震耳欲聋的雪崩泥石流就是他们在发怒，“银河落千丈”的瀑布就是他们在流泪。

这一路，藏族的导游姐姐也跟我讲了很多当地风俗，也教会我“阿佳”是姐姐的意思，“gei la”是老师的意思，还有那一声声“扎西德勒（欢迎，祝福吉祥）”，总是让人听得无比舒服。

这些日子接待了不少全国各地的旅游爱好者，遇到每一个人我都会把我对西藏的印象讲给他们听。我告诉他们，我爱西藏，我喜欢这里：我爱西藏因为它的高度，我爱西藏因为它的淳朴，我爱西藏因为爱西藏的人是充满爱心的人。

我记得当时接待的一个嘉宾，临走时说过一句话：“没有去过西藏的人，心心念念都是对它的向往，而去过西藏的人，恋恋不舍都是对它的难忘。”是啊，我能看到每一个来西藏的人的脸上，都有故事，都有自信。其实于西藏而言，每个人都有自己来此的理由。

5　别样的宣讲经历

2018 年 4 月 15 号，我踏上了从林芝到拉萨的客车。依稀记得上一次从拉萨到林芝路程足足走了 8 个小时，而这一次，林拉高速通车了，4 个多小时就抵达了拉萨。遗憾的是，这么短的时间不够我欣赏沿途风景，因为这一路，太美了！

这次到圣城，可不是去玩的，是有“任务”在身。来到拉萨第一天，我就没忍住去布达拉宫广场和八廓街游走了一圈，记得晚上我发了一条朋友圈：游学在圣城，伴蓝天白云，行走于八廓街角，望神圣布达拉宫，学区情团情，解志愿服务笃思。藏语课堂，三两日常用语潜心研学，角色转变一睹为师亲历实事，深感激奋。愿游学之日不虚此行，不负韶华。

西藏拉萨八廓街留影

的确，这一趟游学之行没有负韶华。很早就听说西藏团区委西部计划项目办要招募志愿者到内地高校进行“西部计划西藏专项”宣讲。几日前，接到项

宣讲团成员于布达拉宫广场合影留念

目办通知要我回到内地宣讲，这个时候我犹豫了，内心挣扎了好久：作为一名西部计划志愿者，我想回内地号召更多志愿者来西藏奉献；作为一名研支团成员，作为一名支教老师，我在西藏只能停留一年，如果把剩下时间回内地巡讲，我舍不得支教学校，孩子们也舍不得我，还会耽误教学进度……一大串事情涌入脑海，最终，理性还是战胜感性，留下来固然对得起支教老师的责任，但走出去会更加深刻了解西藏，会带更多有志者来到西藏。最终，我选择走出去，带着西藏的名片走出去！

出行前，和十余名志愿者在拉萨学习一周，进行藏语、区情团情、演讲技巧等培训。学习的日子是辛苦的，每天凌晨两点钟，办公室的灯还亮着，同行志愿者在修改自己的 PPT，一遍又一遍，反反复复，为的就是把自己的服务地西藏、支教经历通过短短 5 分钟时间说给大学生们听。培训最后一日，宣讲团为所有志愿者定制了宣讲藏装，所有志愿者分 3 条线出征，而我被分在北线，要去黑、吉、辽、津、鲁、苏 6 个省市 60 多所高校，想想还是心潮澎湃的！

宣讲经历“最宝贵”

“大家好，我是 2017 届西部计划志愿者，也是全国第十九届研究生支教团的成员之一，我叫孟婷，服务于西藏林芝第二高级中学”，这句开头我讲了近 50 遍，倒背如流。当我站在每一个高校宣讲台前，我的名片是西藏，身上的标签是西部计划志愿者，使命是号召更多大学生加入西部计划大家庭中，到祖国最高峰奉献青春。在此之前，我也常常演讲，常常做报告，但从未有过如此强烈激动的感受。

拉萨团市委副书记蒋曦与宣讲团北线成员合影

让我记忆犹新的是在山东站宣讲时，台下坐了一位"特殊观众"：他从天津某高校专程坐了一夜的火车赶来，他说为的就是一种情怀。他从小志在西藏，一心想在自己成人之后到西藏奉献，听说有西部计划项目，一定要来听一听，听听前辈经验，听听心之所向的西藏！

那一天，我在台上激情澎湃地讲着自己的西藏之行，他在台下认真专注地听着我的讲述，他的眼神中流露着向往和激情，我知道，这就是真正的志愿者，这就是西藏需要的志愿者！他一定会去西藏的。

宣讲途中不得不提的一所高校——聊城大学。这所大学是一路走来我认为最重视西部计划项目的高校，甚至可以说以西部计划为荣的高校。

据我了解，这所高校十几年来近 9000 名毕业生报名参加西部计划，900 余名大学生光荣入选，2018 年已破千人，志愿人数居全国高校首位，足迹遍及新疆、西藏、青海、宁夏等12个省（市）、自治区。其中，80%以上的志愿者申请延长服务期，截至目前，近300名志愿者服务期满后选择扎根西部工作，已成长为西部地区机关、基层等单位的骨干力量。他们用实际行动为当地经济社会发展做出了聊大学生特有的贡献，受到了当地群众和政府的高度好评。“大漠无垠志高远，扎根西部永不悔”是聊大青年志愿者的胸怀和志向，也是聊大毕业生的理想和信念。我敬佩他们，也为他们的奉献而感动。

志愿情结“最珍贵”

有一个地方，叫西藏。

有一群青年，叫志愿者。

有一类行动，叫志愿服务。

宣讲团成员在天津工业大学宣讲合影

孟婷与宣讲好友孙羽合影

有一种情结，叫西部计划。

宣讲路上的40余天，让我从另一个视角了解西藏。在所有人看来，作为一名在西藏支教的志愿者是光荣的、值得钦佩的，但我更钦佩我的志愿者战友们。在西藏，在缺氧高寒地区，能睡一个好觉对他们来说都是一种奢侈。

他们有的来自远在祖国边境线的隆子县，在祖国最容易被遗忘的角落吃着年轻人没经历过的苦；有的来自西藏最远的阿里地区，那里有我向往的冈仁波齐；有的来自西藏最艰苦的那曲地区，正常走路都像负重20多公斤重物一样；还有的来自昌都、日喀则等地方的志愿者。我佩服他们，他们敢去别人不敢去的地方，敢做别人不敢做的事，他们缺氧但不缺志愿者精神。

远在阿里，苦在那曲。我的宣讲好友孙羽，服务于那曲地区那曲县。第一次见到她，一个瘦瘦弱弱的女孩，我无法想象她这样的女孩，能在那曲一个正常走路都像负重 20 多公斤重物一样的地方服务整整两年时间。她说过一句话我记忆特别深刻："那曲生活苦，却也充实。在这里，我们体会了什么是能歌善舞的民族，什么是热情淳朴的民风。"

另一个宣讲的伙伴是来自南开大学研支团的崔国煜。西部计划有句口号："一次美丽西藏行，终生雪域高原情。"而他有点不同，他是"两次"。

2015 年，他参加南开大学第十七届研究生支教团来到拉萨达孜县小学任教，服务期满后回到母校继续攻读硕士研究生，临走前答应那里的孩子们崔老师一定还会回来。2017 年，他带着对雪域高原的眷恋和孩子们的诺言，再一次报名西部计划西藏专项。他说："我还年轻，年轻就要勇敢去做想做的事情，不想等到老了后悔莫及。"

宣讲好友崔国煜在全国宣讲报告会现场

曾有一晚和国煜聊天，提及他的两次进藏经历我感触颇多，想让他分享几句经验给大家，他便写了下面几行字：

说我支教，实则自教；说我支援，实则自援。

谈到两年西藏志愿工作，最大的感受是：获得的太多，贡献的太少。在西藏两年，我坚定了理想，认清了方向，感受到心安，获得了力量，学习了知识，广阔了视角，提高了修养，更勇于担当，并惭愧地受到认可、荣誉和宣扬。而我能给西藏的，只有一个普通大学生的两年时光。

即使我对成百上千人分享了我的感受，也鲜有人理解我为什么第二次进藏。我只能说，如果今后还有类似的机会，我还会去的。

内地世界也许精彩纷呈，但西藏有它独属的骄傲与魅力，已浸入每一个在这里奋斗、打拼的志愿者的血液里，正是如此，才会吸引源源不断的志愿者加入其中，很庆幸，我是其中一员。

牦牛精神“最可贵”

很久前写过一篇《最牦牛》读后感，当时我写了一句话：在援藏工作结束前，一定要去一趟牦牛博物馆，去爱藏民族，去识藏文化。

宣讲结束回到拉萨，我去了一趟牦牛博物馆，亲眼看见馆内的陈列，太震撼了！博物馆从自然与科学的牦牛、历史与人文的牦牛、精神与艺术的牦牛三个部分，详细介绍了牦牛的起源、驯化，牦牛与藏族人民共同创造的西藏文化以及艺术作品里的牦牛文化。

我又一次领略到牦牛的精神，憨厚、忠诚、悲悯、坚韧、勇悍、

宣讲团在黑龙江财经学院宣讲

尽命，而我们西部计划志愿者正是拥有这样的精神，才能一批又一批接踵而来。

支教一年，自教一生，这句话诠释了我在西藏支教的意义。半年前，我站在西藏的讲台，给西藏的孩子们滔滔不绝讲述内地的繁花似锦；半年后，我回到内地，给内地的高校大学生讲述西藏的扣人心弦。一年内我以两个不同的视角接触西藏，理解西藏，潜移默化中，西藏已然成为我的第二故乡！

《遇见》　演唱：孙燕姿

歌曲里处处弥漫着爱的气息，那是一种极为干净的声音。最美不负遇见，遇见只是开始，未来却不能因此安排。我相信不只是爱情，生命里所有的遇见，都是上天注定的一种缘分，遇见西藏也好，遇见爱人也罢，珍惜所有的遇见，让人生变得极致，只有简与淡。

6 西藏，我的第二故乡

小时候，
妈妈告诉我，
每个人的梦里都有一个“西藏”。
她眼中带着向往，
我幼小的心房，
便种上了高原的土壤。

长大后，
朋友告诉我，
她刚从拉萨旅行归来，
身上还沾染着雪域的尘霜。
我翻开一本厚厚的攻略书，
那个地方啊，
神殿依山而建，
日光城巍峨雄壮，
翻书人的心里，
早已心波荡漾。

两年前，
我作为支教志愿者奔赴西藏，
用自己的青春，
陪伴孩子们茁壮成长。
踏足雪域的那一刻，
我禁不住热泪盈眶，
幸福来得猝不及防。

你说都市，
太过喧嚣，
我便走向，
西部的诗和远方。
无言表达此时的空旷，
无法丈量此间的悠扬，
拂去片片微云，
南迦巴瓦竟那般层峦叠嶂。

诗人笔下的西藏——
世界屋脊入云苍茫，
冰塔巍峨寒雾掩藏。
禅灯清焰千秋盛放，
吟诵人间美善时光。

歌手口中的西藏——
你见或者不见，
她就在那里不离不弃。
为雪域高原送来安康，
各族儿女欢聚一堂，
歌声中领略荡气回肠。

驴友脚下的西藏——
318 川藏线上，
融入大地胸怀，
轻嗅沃土的芬芳。
攀登珠穆朗玛，
去俯瞰仰望天地的模样，
骑行中汲取雨露阳光。

支教人眼里的西藏——
是三尺讲台全然忘记高反惆怅，
是为人师表难以抑制豪情万丈。
我不禁背上行囊，
将此一生珍藏，
西藏，我的第二故乡。

（诗歌曾发表于《西藏青年》2019 年第 1 期）

《流浪》　演唱：卢焱

多少人因为现实生活而放弃自己儿时的梦想？多少人因为现实生活的无奈而选择安于现状？多少人因为一次次的挫折而变得不敢往上爬？说好的相约去大理来一次美丽邂逅，说好的去爬珠峰大本营，说好的去可可西里无人区，曾经的无所畏惧到现在这个年龄，都变得害怕、惶恐和不安了。希望这首歌能治愈你丢失的内心，唤醒那颗不愿就此泯灭的心！

《拉萨谣》　演唱：央吉玛

拉萨，现已成为全世界人最向往的圣地，无论旅游还是朝拜，这里都是心灵深处的目的地。在拉萨，客栈是一种生活方式，随处可见各式各样的客栈和青旅，像“东措”“疯人院”都比较出名，居住几日悠闲惬意，听风、观云、赏月，行走于八廓街，风景独具。再去听这首《拉萨谣》，它会静静融入你的内心深处。放下手中的电脑，带上好心情，来一次说走就走的旅行。

7　听说，你要扎根西藏

生活中的选择很多，有人选择钻研学术，有人选择城市创业，有人涉猎广泛，有人专精一门。

我有一位志愿者好朋友，他叫甄华程，两年来一直在昌都团市委做志愿者工作。在我眼里，他是一个工作起来不要命的小伙子，对待工作极为细心、负责。前些日子大家都在聊及离岗，我听说他通过了留藏考试，选择扎根西藏，便问他为什么做出这个选择。于是便有了以下内容。

人的一辈子里会有很多次旅行，往往第一次的旅行都是让你终生难忘的。而我，选择了一次不一样的“旅行”，一次永远在路上的“旅行”。

2016年6月，我终于结束了自己的学生时代，迎来了可以摆脱家庭束缚的机会，给学习画上一个短暂休止符——毕业季。当身边所有的同学、朋友一个个散去，四处谋求生存之道的时候，我毅然做出了一个常人可能无法理解的选择——去西藏。

那段日子，家里几乎天天都在催促我找工作，也在不停地帮我四处寻求工作，而我躲在学校里，躲避，回避。其实在那个时候，我已经给自己设立好了一个去向——大学生西部计划西藏专项志愿者，在学校等着选拔的结果。没多久，家里给我来了一个电话，说已经替我找到了一个不错的国企，在办公室里做文员，当时我心有一丝悸动，但最终还是情怀战胜了还在萌芽的悸动。没过多久，重庆市的选拔结果出来了，我赫然在列，那一刻，与西藏的缘分便结下。

虽然初试已经通过，但是“第一座大山”也是最大的一座成了拦路虎，我需要获得家里的同意，父母要在告知书上签字才能启程。我回到家中刚准备沟通，就迎来一场恶狠狠的“批斗大会”，没想到阻力会这么大，此刻，基本是使出了浑身解数，勉强取得了胜利。随之而来的，便是各种体检、心理测试等。皇天不负有心人，7月23日，我和重庆队50多个小伙伴坐上了开往拉萨的火车，一路欢声笑语、一路不断地惊叹美景，还在路上举行了一个特别有仪式感的选举，成立重庆赴藏志愿者临时党支部，我在车厢连接处被选举成为党支部书记，开启了西藏之旅的第一篇章。

两天后，载着我们的列车驶进了拉萨站。当第一次踏上这片土地时，惊艳、沉醉……无数个形容词来表达我那一刻的心情都不为过。空气是那么清新、阳光是那么惬意、蓝天白云美得过分，不是山水画，也不是油画，是只能用卡片机和胶卷才能描述的那种静谧，我入迷了。

紧接着，便是培训。培训期间认识三两好友，我们体验了防止高反好几天不洗澡的痛苦，尝试了高原打篮球的“负重感”，装满了全是蓝天白云还有格桑花的照片库，还有培训中那个让全场人惊喜的生日派对和那场难忘的晚会，一切，都近乎在完美中画上了句号。即将面临的又是各奔东西，1000多个怀揣梦想的志愿者，等待的是奔赴西藏的7个地市，真正去到祖国最需要的地方，实现人生价值。

在这里，又不得不提对口援藏这一方针政策，为了支援西藏的经济社会发展，党中央决定实施“分片负责、对口支援、定期轮换”的援藏方针和“长期支援、自行轮换”的干部援助方式，20多年的时间，这种具有高瞻远瞩的战略决策在西藏收获了巨大的成果，为西藏的各项发展和建设社会主义新西藏提供了强劲的动力。我作为重庆的西部计划志愿者，“理所应当”地被派遣到了昌都市（重庆市、天津市、福建省为昌都市对口支援省、市）。

此后，昌都便成为我的第二故乡。

昌都市坐落于群山怀抱之中，也是三江并流之地，与云南、四川、青海交界，是西藏自治区的东大门、茶马古道必经之地，素有“藏东明珠”的美称，世世代代生活着一群康巴人。8月16日乘飞机到达了昌都，在机场，就陆陆续续有小伙伴被服务单位接走，而我，也即将踏上我的志愿之旅——昌都团市委。从到达到派遣，然后再到各自的接收单位，仿佛一切都是那么自然和水到渠成。

短短几天，我便安置了下来。在昌都，我没有看到出行靠骑马、主食为糌粑、生火烧牛粪、饮料是甜茶的“壮观”景象，呈现在我眼前的是现代化的基础设施、便捷的交通、惊艳的夜景，还有“高大上”的办公环境，尤其夜景，完全可以跟重庆媲美，当时，我心中就萌生了留下的冲动。

在昌都市服务的两年半时间里，我一直在团市委负责全市西部计划志愿者服务与管理、青年志愿协会的日常运行。上班的第一周，我的老书记，也是我参加工作后的第一任老师找我谈话，问我能不能以一个志愿者的身份去管理、服务好志愿者。当时，我的内心是十分忐忑的，但是，好强的性格让我说出了“能”，自此，便开始了不一样的志愿服务生活。

2016年，我刚开始接手志愿者工作时，全市共有268名西部计划志愿者，其中有55人是我的学长、学姐，怎么管理他们，怎么为他们服务，这都是摆在我眼前的比较现实的问题。遇到过白眼、不理解、不支持，有一段时间，我也想过放弃，但是，当我想到，我是昌都市唯一一个留在项目办服务的志愿者的时候，当想到，后面还有268双眼睛看着我的时候，我坚持了下来，直到志愿生活结束。

有人说，在高原躺着就是一种奉献，但是，我们作为新时代的大学生，在西藏经济社会高速发展正需要人才的时候，我觉得，时间耽搁一秒都是在浪费生命，都有愧于国家和组织寄予我们的期望。

两年半的时间很长，也很短，每天都忙得晕头转向，为了每一个小伙伴、每一个学弟学妹能在昌都生活好、服务好，可以在这片神奇的大地上施展才华和实现人生价值，我可谓是使出浑身解数，有时也为了志愿者的一些利益跟领导争得面红耳赤。回顾那段生活，我问心无愧。

每天手机都是24小时保持畅通，周末、小长假为了方便小伙伴们有事儿能第一时间找到我，每次都不敢走远去玩，以至于现在也只“涉足”两个县；每年春节前夕，当面临着一摞摞承载着游子归乡心切之情的休假申请表时，尽量第一时间进行处理，并且叮嘱每一个人注意安全，平安归来，而我又只能选择让其他人回家，自己在昌都坚守。两年多的时间里，幸不辱使命，在我的任期内，西部计划志愿者队伍未发生一起安全事故，也基本保障了大家的权益，影响了一大批小伙伴最后选择扎根西藏、扎根昌都。2019年，和我一同选择留下的就有150余人，他们，将继续为着昌都市的经济社会发展做出应有的贡献，继续发光发热。

回首两年，在西藏、在昌都，我收获了很多，也成长了许多，收获的是友情、志愿情和爱情。通过一次次的锤炼，我的业务水平、沟通协调能力和社会经验也从无到有，自己也从一个懵懂毕业生转变成为一名国家公职人员，几乎完成了蜕变。

在西藏总有那么多东西让你感动，总有些事情往往让你不舍。经常在公众号上看到这句话：人的一生之中，必须来一趟西藏。而我，因这里的人和物选择一辈子扎根西藏。

还记得2017年11月，我收到了一封特殊的来信，来自于察雅县热孜村小学少先队大队部：

敬爱的昌都“蓝精灵”哥哥姐姐们，你们好！我们是察雅县香堆镇热孜村小学少先队大队部的成员。好长时间就想给你们写信问候你们了，今天终于给你们写上了信，不知道你们会不会收到我们的来信，好期待有机会能与你们一起见面、玩游戏，我们经常在辅导员老师口中听到你们穿着蓝色的衣服，服务在昌都的各个地方，我们向你们致敬。

哥哥姐姐们，我们有几个问题想问你们：1.你们为什么会选择来到西藏这么一个偏远的地方呢？你们想不想爸爸妈妈呢？2.你们现在的工作辛苦吗？3.明年是我们学校10周年校庆，你们能来参加吗？

哥哥姐姐们，你们辛苦了，我们大队部所有成员代表我们学校所有少先队员祝你们：工作顺利、幸福快乐、扎西德勒！

我将这封信反复读了3遍，眼泪一直都在我的眼眶里面打转。原来，还有这样一群人关注着我们；原来，我们的故事，还能传递这么远；原来，我们所做的志愿服务还能通过这样的方式得到社会的肯定。皱巴巴的“信纸”，不是很工整的字体，甚至还有错别字、拼音，但是我们这群在高原上跃动的“蓝精灵”听到了，听到了来自大山深处的呼唤，听到了社会在用这种“纯真”的声音对我们说：你们——真棒！

后来，我第一时间组织“蓝精灵”们回信，并筹集了一批学习用品，驱车近10个小时，将孩子们最需要的东西送到他们

甄华程和昌都小学生代表合影

的手中。

就是这些不经意之间的“小事”和那一面面纯真、质朴的微有高原红的笑脸一次次地冲击着我的灵魂，洗涤我的心灵。

去年，我又做出了一次人生重要抉择，跟家里达成一致意见，留在了昌都市。接下来的人生，我也将继续用我的脚步去丈量西藏这片神圣、圣洁的土地。

今年是西藏自治区民主改革60周年，也是新中国成立70周年。西藏，用了短短几十年的时间，跨越了上千年，新西藏正在与祖国一道大踏步迈向新时代，处处昂扬着生机与活力，这里是实现梦想的热土，这里是挥洒青春的伊甸园，这里的各族同胞都是神圣国土守护者、幸福家园建设者。

一次西部志愿行，一生雪域高原情！

2014年中国记者节特别节目《好记者讲好故事——陈琴》

如果你喜欢西藏、热爱新闻、了解记者，那一定要去了解一个人，她是中央电视台驻西藏记者陈琴。我喜欢记者这个行业，所以每一年记者节都会看《好记者讲好故事》这个节目。当我看到陈琴的故事时，我落泪了，她在6500米的海拔书写新闻人的骄傲！作为一名记者，她能去常人不敢去的地方，她也能去常人去不了的地方，总是一次次挑战自己，一定要亲自奔赴现场还原真相。我敬佩她！她身上已经流露出老西藏精神——特别能吃苦，特别能战斗！

第三章

峥嵘支教 格桑绽放

用一年不长的时间，做一件终生难忘的事情。

1 让青春之花在高原绽放

——初为人师的感受

海子在《夜晚，亲爱的朋友》中写道："大地茫茫，河水流淌，是什么人掌灯，把你照亮。"照亮我的，是那些在人生旅途中遇到的点滴温暖，是那些不经意间流露出的善良。

辽宁师范大学第四届研支团在林芝二高校门前合影

到西藏之前，经常听这里支教的人说一句话："用一年不长的时间，做一件终生难忘的事情。"一年，说长不长，说短不短，至今日，我来到西藏已经50天了。今天是全国第三十三个教师节，恰巧也是我成为教师的第一个教师节，我的心中顿生涟漪，一种从未有过的滋味流淌在心间，似幸福，也似骄傲。

选择让青春更美丽

一年前，得知辽宁师范大学研究生支教团开始面向全校学生干部公开选拔支教成员，而且要到祖国的西部边陲——西藏支教时，我开心极了。那是所有热衷于公益事业的人想去却又不敢去的地方！我才22岁，正值桃李年华，何不去体验一下令我朝思暮想的地方呢？于是我成了全国第十九届研究生支教团成员之一，来到了人间净地——醉美“林芝”。

我们一行7人穿行了大半个中国，一路走来，大家在相互信任中熟悉彼此，在相互关怀中情同手足。一路同行，看到西藏美丽而又壮观的景色，感受了大自然的鬼斧神工——仿佛天地间只剩下自己，远处的日出，近处的牛羊，看那九曲黄河蜿蜒流淌，又仿佛接受了最纯净的洗礼。

坚持让青春更靓丽

一次美丽西藏行，终生雪域高原情。林芝市第二高级中学，是我支教开始的地方，也是梦开始的地方。

俗话说：“不当家不知柴米贵。”记得刚把屋子收拾利索、锅碗瓢盆柴米油盐置办齐全的那一刻，我真的特别想家。我们团队7个人，在家都是被父母呵护长大的90后一辈，一个多月下来，如今也是“煎炒烹炸，样样不差”了。渐渐地，已经把这个“家”经营得有声有色了。

厨房的灶台持续高温，掌握的菜品五花八门，屋里的人气只增不

孟婷与支教团成员在教师公寓过中秋节

减，亲切的绰号一呼百应！下班时常常聊的是："今晚吃啥呀？""今晚我下厨，在家吃大餐！"每个人都曾下厨，尝试着做特色家乡菜。无论味道如何，大家都会风卷残云般"扫荡"一空，以此给予"主厨"莫大的肯定。

饭过三巡，大家都会围坐在一起，或聊及某班的调皮孩子，或探讨教学思路，欢声笑语，其乐融融。七人情同手足，彼此亲如一家。支教的日子虽然处处是挑战，但兄弟姊妹间和衷共济、守望相助，再大的困难又算得了什么呢？

守望让青春更绚丽

林芝市第二高级中学，我的教师生涯从这里开始。这是一所年轻的学校，2008 年正式建校。据了解，在这里读书的学生多数是县里农牧区的孩子，学生们回趟家不容易，有的要走两三天才能到家。所以这是寄宿制学校。

孟婷支教地：林芝市第二高级中学

刚开学，我尽量克服高原上缺氧的不适，主动请缨担任高一年级两个班的汉语文老师，后续又兼任四个班级的政治老师。当我第一次见到藏族学生的时候，他们的汉语水平超乎我想象，和他们交流可以零距离无障碍。

但学生的综合成绩普遍偏低，成绩差的比例较高，很多学生学习的主动性不够、积极性不高，比如语文高考平均分也只有八九十分，像数学、物理、化学等理科学科的高考平均分仅仅只有二三十分，

林芝市第二高级中学的藏族学生

而英语这门课程高一年级还在学习简单的 26 个字母。

与内地高中生相比，藏语作为他们的母语，去学习英语是非常困难的，要首先把英语翻译成汉语，再把汉语翻译成藏语才能读懂题目，这就很烦琐了，而且导致孩子们对学习缺乏自信，没有兴趣。其实这种现象在这里并不为怪，这里是民族地区，有其独特的区情和学情，我能做的就是因材施教，找到合适的教学方法。

但是这些藏族孩子们天生能歌善舞，只要音乐一响起，他们就像脱缰的野马飞奔起来了，那种奔放和豪迈令人震撼。

在这种情况下，我们时刻牢记着支教者身上所承担的重任。支教源于扶贫，却远不止于扶贫。

这里的孩子不仅需要物质扶贫，更需要的是精神上的滋润！教育是面向未来的文明储备，孩子是每个家庭最大的希望。对于支教者而言，我们结合这里的实际情况，因地制宜，因材施教，既要钻研非原专业擅长的教学方法，也要分享我们对于“外面的世界”最鲜活的理解和展望。

在为人师表的一个月时间，我感受到在我们和学生的关系中，我们并不是唯一的教育者。在每一次教和学的过程中，每一次与学生的观点以及感情的交流中，在感知和处理每一个学生问题的时候，我们自己对问题的理解也在逐渐深入，孩子们带给我们的惊喜和欢乐，让我们在“一边施教，一边受教”。

今天是我在雪域高原的第一个教师节，作为一个曾经拥有“教师梦”的大学生，如今已经成为101名学生的语文老师！我在这里很满足，我想用这一年的时间告诉自己和所有有梦想的年轻人，不要索然无味地度过一生，告诉那些徘徊在梦想和现实之间的人，告诉他们，应该把最好的青春、最美好的青春留给自己的梦想！

【附五篇辽宁师范大学第四届研支团成员支教记忆】

洒下青春的印记

在过去的一年中，我与研支团的6名队员一起工作、学习、生活在远离家乡3800千米的西藏自治区林芝市第二高级中学。初来乍到，一切都觉得那么新奇。更让我惊喜的是，我即将在这片土地生活整整一年。

开学前领到学科教学任务的时候我很惊讶，一个学了四年计算机的小伙子马上就要成为一名高中二年级的生物老师了。不过说实话我很期待，期待着这份不是本职的教学任务。

后来因为学校的一位信息老师即将休产假，我又被分配到了学校的教育信息化办公室。这也让我对这个学校有了更深的了解，让我有机会在学校的发展建设中贡献我们青年志愿者的一份力量。

学校目前有两名专职信息技术教师，还有一名来自一中交流的信息技术老师，加上我，办公室总共有4个人。我主要负责学校的基础网络建设、服务器运维，同时配合另一位老师共同管理学校考试中心的监控系统。

二高的办学特色之一就是学生的第二课堂，也叫拓展课，旨在传统课堂之外开展类似兴趣班的学习活动，涵盖音乐、美术、舞蹈、国学等多个领域。为了响应学校号召，我们7个人都结合自己的专业特长申报了拓展课，我分别在两个学期开设了网站构建技术和影音工坊两门拓展课，分别讲授动、静态网站构建和音视频剪辑相关的知识。这也让我对同学们的信息技术水平有了更进一步的了解。

整体来看，学校信息化建设的硬件水平还是可以适应当下阶段校园发展的，核心机房配备了UPS、H3C的核心交换机，以及防火墙、无线控制器、视频监控服务器、FTP服务器等核心设备，同时配备交互式多媒体教室49个、教学计算机100台、办公计算机72台、笔记本电脑317台、平板电脑2台，楼宇之间网络通过光纤连通，楼内网络通过百兆以太网连接到每个教室和办公室。

但其中无线网络的接入方式存在一定问题。刚刚到校工作的时候，我发现学校的无线网络是通过家用的无线路由器实现接入的。由于家用路由器的硬件局限，整个网络通过有线连接也只有百兆的交换速度，加上无线传输的损耗，实际每个设备分得的带宽已经十分有限了。而且这种接入方式难以对网络安全加以把控，当下较为流行的无线网络共享软件都会在不经意间泄露网络的连接凭证，进而对校园内的网络安全、信息安全造成难以控制的威胁。

而后我便与办公室里的其他老师商量，最后决定向学校申请实施无线网络改造工程，开发了配套的网络认证管理工具，将校园内的无线网络由传统的接入方式改造为教师自助的基于MAC地址认证结合Potral认证的接入方式。这有效地保障了校园无线网络的接入控制、安全审计，同时校园无线网络访问质量提升了近6倍，结合流量整形技术很好地均衡了不同时段、不同人群、不同使用场景的网络负载。

二高还有一项让我耳目一新又刮目相看的操作，就是他们的成绩分析体系，借鉴组团援藏老师带来的先进经验，结合二高实际情况形成的一套成绩分析方法，其中包括对模拟分数线、上线率、学困预警、单科和整体目标完成率等多项指标进行了系统分析，在每次考试过后生成极为准确直观且极具参考价值的成绩分析报告。在与教务处老师的交流中我得知，这个方法虽然能够很准确地完成分析任务，但其中数据整形等人工操作仍然十分烦琐，电子阅卷系统生成的数据集不能直接应用于成绩分析，还需要进行分类、排序等机械重复的人工操作。在我表达了与教务处共同开发成绩分析工具替代人工操作的想法后，大家一拍即合。经过多轮的需求分析、算法讨论、技术选型，第一版成绩分析工具投入使用，其主要功能是替代人工操作完成数据整形，并实现少数民族考生与汉族考生的成绩分割。

随着网络技术及通信技术的不断发展，西藏地区的网民数量不断增加，人们获取信息的方式方法也在不断更新，尤其是利用智能终端的泛在学习发展迅速。对传统的网络远程教育提出了更高的要求，也为西藏的在线教育提供了巨大的发展空间，可以说是困难与机遇并存。如何处理好网络远程教育的发展问题，如何把握发展机遇，对西藏的教育信息化建设将产生非常大的影响。

据我了解，目前西藏地区还没有针对网络教育的专门的规章制度，网络教育制度仍有待开拓完善。城乡规划及发展水平不同，导致各地区教育信息化水平差异较大，城市的建设水平比农牧区高，得益于经济、政治及地理优势，城市中又以拉萨市的信息化水平最高。由于各地的发展差异，就容易导致不同人群接受教育的机会及享受的教育资源不一样，无形中就造成了教育不公平现象，比如教学资源配置不合理，教育技术装备资源配置不足，高水平信息技术人才缺口较大，优质教学资源严重不足。西藏教育中的民族特色没有体现，信息技术课程不受重视，西藏网络教育的发展水平和发达省份相比，总体水平相对滞后，教育质量仍需奋力去追赶提高，逐步减少差距。

虽然面对的困难不小，但是这些问题同时又是我们不断改进网络教育的一个契机。目前林芝地区教育系统正在筹划并实施教育城域网，以市教育局为核心节点，各市直单位为从属节点，计划将视频监控、无纸化办公、网上阅卷、成绩分析等教育核心功能进行资源整合，很大程度上解决了网络环境对日常教研教学活动开展的限制，最大限度地整合资源，避免重复的财力投入，云技术的融合可以大大节省网络设备和相关教学软件的维护成本。但硬件设置的建设只是万里长征的第一步，后续紧紧跟随的是对专业信息技术人才的需要、对优质教学资源的需要以及对于教育信息化切实可行的开展途径的探索的需要，这可能要花上几代青年教师数十年的时间精力以不断适应教学活动的实际需要。目前“互联网 + 教育”可谓大势所趋，智慧教育、教育大数据这些词汇大家也已不再陌生，基于信息化技术支撑的教育是现代化的，通过大数据分析指导考生制订学习计划、规划学习路径、明确知识掌握上的短板、进行学情分析及学困阈值预警等应用场景已经广泛应用于诸多内地基础教育的实际环境中。对比之下，西藏地区的教育信息化水平尚显不足，信息技术课程

何熠辉在拉萨北京实验中学参加进藏培训

开设情况参差不齐，授课内容仍停留在较为基础的水平，这不仅靠硬件的支持，同样需要学校的重视、学生的兴趣、老师的引导，同时这也对信息技术老师提出了更高的要求。同时，我也在此呼吁有志为西藏地区信息化教育贡献力量的朋友加入西部计划志愿者的行列，用自己的方式贡献青春、智慧、知识和力量。

24岁，一年的青春换来的是一生难忘的美好回忆，我很骄傲也很荣幸能够在这个年纪做出最正确的选择。在这里我们一行七人一同奉献过青春，挥洒过汗水，换来的是学生成绩的提升、学校蓬勃的发展，当然也收获了一段段最真挚的友谊。一次美丽西藏行，终生雪域高原情，青年当有志，立志在四方，希望未来还会有更多美丽的蔚蓝之花在雪域高原盛开。

文/辽宁师范大学第四届研支团　何熠辉

在西藏，藏族学生对信息技术学科知识极度欠缺，学校的信息化建设也不完备，这时需要一些年轻人来推动信息技术的发展。队长熠辉刚到学校就接手学校的信息化建设工作，他热爱且深爱这份工作，常常熬夜加班就为了学校的一个小小数据，每次看到一点小成果就会向研支团的家人们报喜，可能这就是志愿者精神的体现吧！随着西藏教学信息化逐渐全面覆盖，信息技术在教学过程中的应用也越来越广泛。

这一年，我留给高原

“看着窗外渐渐远去的所熟悉的这片土地，其实心情很复杂，有不舍和忐忑，不舍亲人朋友，不舍老师母校，但最多的是一种期待，期待着我可爱的学生们，期待着西藏那片纯净的圣土，期待这一年无悔的青春。”这是一年前，坐在进藏的火车上，我为自己写下的一段话。如今一年后，坐在返程的列车上，心情依旧复杂。依旧不舍，不舍我可爱的孩子们，不舍西藏这片纯净的圣土，不舍这一年无悔的青春；依旧期待，期待我和孩子们的两年之约。

我和英语课

这一年我担任高一英语老师，对于英语并不太好的我而言，这是巨大的挑战，但同样也是一次蜕变的成长。

学校因为急缺英语老师，所以只好派我这个非专业的老师教授高一英语。西藏英语教学面临的一个很重要的现实问题，就是这里的学生虽然已经读高中，但几乎没有英语基础。二高的学生多数来自于农牧区，其乡、镇学校的教学资源相较于市内更是极度稀缺，好多学生在高中以前甚至并没有接触过英语，但是高中英语教材和教学内容又必须符合高考要求，因此在高一阶段是要把初中的英语基础全部补回来，从英文 26 个字母大小写的书写规范开始教起。英语是一门专业性要求较高的学科，因此我也要从“头”学习，规范自己的英文书写，找视频学习每一个音标的发音，跟着有经验的老师听课，等等。没有练习册我就自己买书，在网上找题，结合学生的实际情况自己给他们出题。

高一上学期的期中考试是我当老师以来第一次陪伴孩子们参加

的全校大型考试，也是他们上高中以来第一次大型考试。我是一个非专业的老师，但我希望尽自己最大的努力去把孩子们教好，让他们获得更多的知识，从而对自己有信心。在这个过程中可以感受到我们共同的进步，我自己制作了一套复习资料给我带的三个班，每天第三节晚自习我也会去给他们补课。这个过程很累很累，但是看见他们会多记一个单词、多做一篇阅读我也会很快乐。

经过一个学期的努力，每次上课提问孩子读课文时，三班的孩子站起来举手争着抢着读，当时我真的很意外也很欣喜，我完全没有想到他们会对英语产生这么高涨的热情，这是他们对我最大的肯定。在期末考试中，我所教授的班级也取得了英语平均分全年级第一的成绩。

我和孩子们

这里的孩子们是支教一年带给我的最宝贵的财富。

到了西藏，胃疼的老毛病时常会犯，有时上课的时候会突然疼得无法喘气。学生看到我有一些痛苦的表情后，主动把自己的凳子搬过来给我坐，一整节课下来全班一点声音都没有，就连平时一分钟都坐不住的小淘气包，竟然安安静静听我讲课。下课后，坐在第一排的小女孩过来拿起我的杯子说：“老师，我去帮你打些热水。”她打水回来的时候手里拿着的除了我的杯子外，还有她自己的一个灌满了热水的塑料水瓶，她把水瓶递给我说：“老师，你用这个暖着胃，暖一暖就好啦。”还有几个孩子跑过来跟我说：“老师，你按时吃药。”那一刻，心里瞬间被她们暖化，在这一刻会觉得自己拥有着她们，真的是这世上最幸福的事儿。

于孩子们而言，她们手里没有治病的药，甚至可能都不清楚老师到底为什么不舒服，但她们想尽自己最大的努力，用最真诚、质朴的办法去帮助老师。其实于我而言，这胜过所有的药，平日里爱调皮捣蛋的他们在这一刻却是如此的懂事和令人感动。孩子们便是如此真挚！你对他们的好，他们会记得，也一定会回报。孩子们的内心都是柔软的，在这一刻，他们似乎全部忘记了老师的严厉和苛责，心里满满地想的都是如何才能让我好起来。谢谢你们，我的小可爱们！

学校清明节放假的最后一天，下午闲来无事在家中休息，收到学生次旦卓玛发来的微信问我在不在家，她说从家里给我带了些好吃的特产，她爸妈要她带来感谢我给她补课。我打开袋子之后看见，里面装了她家自己做的青稞饼、酸奶、奶渣和牦牛干，东西不多，但都是她家里认为最好吃的东西。我和次旦卓玛很有缘分，高一分班前后这一整年我都是她的英语老师，她是个很努力很要强的孩子。有一

任美懿的英语课堂

天下课后她塞给了我一封信，信里说她分班后地理和历史的学习不是很能跟得上，老师上课讲的内容不太能听得懂，她有时会偷偷在寝室哭，想让我帮她补补课。虽然那两个科目并不是我负责教授的科目，但我还是答应在周末的时候给她补课。这本来是很小的一件事情，但学生和家长特别感激。

西藏的孩子们就是这样的淳朴，没有什么贵重的礼物，也没有酬金，就是最质朴最天然的心意，小小的一件事却是满满的惊喜和感动。孩子们学到知识后开心的样子，他们的成长和进步，其实就是对老师最好的感谢、最欣慰的报答。

离开前的最后一节课，还剩 5 分钟下课的时候，孩子们突然为我唱起了我最喜欢的《小幸运》。一个平日班级里最淘气最不爱学习的孩子突然跑过来问："老师，你走之后会不会想我？"这一刻突然觉得，这一年来，我并未为这群孩子们做过多少，相反是他们给了我太多太多的感动与温暖。

跟每一个班级成员合影留念，送走了所有的孩子，一年的支教生活彻底结束。看着他们转身离开的时候我真的控制不住自己的眼泪，拥抱过后的每一次再见心里都有着无数的不舍，这一年所有跟孩子们在一起的时光都是我最珍贵的回忆。谢谢你们的《小幸运》和每一封信，你们是我此生最大的幸运。

这一年，我从师大出发，谨记"厚德博学、为人师表"的校训，潜心教书、尽心育人，带着无悔奉献的青春砥砺前行，不忘初心，拥抱梦想。"现在，青春是用来奋斗的；将来，青春是用来回忆的。有信念、有梦想、有奋斗、有奉献的人生，才是有意义的人生。"用一年不长的时间，做一件终生难忘的事情。这样的青春，我奋斗过。孩子们，两年后，我们不见不散。

文／辽宁师范大学第四届研支团　任美懿

如果你没亲眼看过西藏英语课堂，一定想象不到他们学习英语有多困难，有的孩子甚至连26个字母都写不下来。美懿这一年把自己所学献给英语课堂，一年时间讲四年的课程，要把初中的基础知识全都补回来。我常常能看到晚上她在办公室睡着的身影，也常常能看到她在公寓抱着作业本入眠的样子。让我们一起听她讲她和英语课的“邂逅”。

让青春多一个不一样的句点

我的案头摆有一张特别的照片，
一串阿拉伯数字映入眼帘，
3646.31，没什么规律可言。

但我的身后却是无比巍峨壮观，
一座神奇的宫殿依山而建，
红白二色仿佛云上的红莲。

“3646.31”是圣城拉萨的海拔，

雄伟的布达拉宫格外耀眼，
这里是起点，但也是终点。

这一年，恰似一斛珠玑装满盘；
这一年，我将集结成串；
这一年，我永远的怀念。

相聚·梦启

还记得2017年的那个夏天——
时间——7月20日的十一点半，
地点——相会在沈阳北火车站。

飞驰的火车载满了欢声笑语，
70小时车程让情谊更加紧密，
就像一家人，就是姊妹兄弟。

有一种煎熬是头晕加高反，
有一种盼望叫开饭的时间，
有一首战歌叫《到西部去》，
有一种喜悦是哈达配胸前。

该有多难得能相聚这一年，
该有多幸运能彼此亲无间。

该有多坚定能选择这条路，
该有多幸福能此生将梦圆。

相伴 · 有你

锅碗瓢盆奏响了生活交响曲，
煎炒烹炸让日子有了烟火气。
林芝二高多了七个年轻笑脸，
尼洋河旁多了七个新的青年。

更大的挑战是在三尺讲台，
初为人师的我们故作老练，
每一节课都当作背水一战。

好在，语言方面没有那么不通；
好在，我们适应得比想象的快；
好在，遇到问题时身边有个 TA；
好在，我们用努力换回了信赖。

我们的足迹遍布林芝，
巴松措水光潋滟，大峡谷山高路险，
南迦巴瓦长矛一柄穿云天，
波密秀秀在冰川，鲁朗美美在斑斓，
雪域江南盛名在外非虚传。

我们的工作成效非凡，
多少次在比赛中夺冠，多少次在考试中领先。
尽管从事非专业所长，但从未显现丝毫怠慢。
虽然从教的经历尚短，成绩却令人刮目相看。
我们将“辽师第四届研支团”，
铸成一枚闪亮的名片。

相知·点滴

一年里，总有一些人温暖心底；
一年里，总有一些事恍如昨昔；
一年里，总有一些话想说给你。

从开始的有些埋怨，到后来的甘之如饴，
每当想起我在党办的时光都心存感激。
感谢一年来汪老师提携照顾；
感谢王哥、徐姐的支持鼓励；
感谢大央姐的一片深情厚谊；
感谢杨老师的诸多勉励给予；
谁言寸草心，报得三春意。

在语文组的时光是轻松而温馨的；
在历史组的时光是欢乐而有趣的；

侯台风在布达拉宫广场留念

在高一年级组永远是激情昂扬的；
在林芝二高的时光是幸福和谐的。

当平日里，那一份份清晨的问候，
让我知道能为师者是无比光荣的；
当课堂上，那一次次眼神的交汇，
让我知道我的责任是无比重要的；
当课下里，那一番番欢乐的交流，
让我知道良师益友是我所钟爱的；
当临行前，那一条条洁白的哈达，
让我知道这一年的付出是值得的。

相望·心语

我有多感谢这一年，
让我的青春多一个不一样的句点。
我有多美好这一年，
让我的年轮永远有那样一个满圆。
我有多想念这一年，
让我的生命的精彩回忆多了一段。
我有多自豪这一年，
让我的人生从此不再是那么简单。

最后仅以一首《满江红·“芝”教时光》作结：

万水千山，来藏地、途遥路远。
为圆此、青春志愿，痴情一片。
正茂风华怀壮志，青春岁月梦无限。
满期年、当此感心间，从从念。

南迦秀，穿云剑；雅鲁险，绝天堑。
山高水长情，胸中无憾。
辗转光阴催去日，无边难舍心头现。
唯盼望、他日再相逢，如归燕。

文／辽宁师范大学第四届研支团　侯台风

“台前斗玉作蛟龙，帘外花开二月风”，这是他经常用来介绍自

己的一句话。曾经有人开玩笑叫他“辽师笔杆子”，我也喜欢这么称呼他。在写作这条路上，台风算是我同行人中的一盏明灯，我们常常在一起切磋西藏文化和写作，他带给我很多灵感和咬文嚼字的东西。在他的眼里，教师是一个闪烁着光芒的职业。如何将青春过成最有意义的样子，西藏的这一年，无疑为他做了最好的诠释。

西藏，让我潸然泪下的地方

——走进学生的心灵深处

从 2016 年 10 月 24 日援藏名单公布的那一刻起，到 2017 年 7 月 20 日在沈阳出发已经快一年了，这一年时间我一直都在幻想着即将到来的援藏生活，包含着很多对未知的向往与恐惧。临别时终究是不舍，看着妈妈那强忍的泪水，看着老爸搂着老妈，我内心的那份感性终究控制不住了，转过头，泪如雨下，其实谁都不知道，接下来的一年会发生什么……

下面这些文字记录了西藏一年我最珍贵的几段记忆。

我与高一（十一）班的故事

初到林芝，我被这里的美景深深吸引住了，蓝天白云，绿水青山。一切都好像画一样。在林芝的这一年我有两段班主任经历，上学期担任高一（十一）班的班主任，对于他们和我来说，都是新的旅程。这一年作为班主任，我已经习惯晚上 11 点以后回公寓了，因为孩子们 10 点 30 分结束晚自习，睡觉时间是晚上 11 点，看着他们一个个入睡后回到家也就 11 点 30 分了。每天深夜躺在床上最怕的就是电话铃声响起，一旦这个时间来电话，那就是出事了。

晚上刚到家，褪下一天的疲惫瘫在床上，一串陌生的电话号码出现在手机屏幕上："您好，您是高一（十一）班班主任吗？你班学生……"我气喘吁吁地跑到学生寝室，看到晕倒的拉姆玉珍（化名），抱起她就往外跑，打车，去医院。当她被推进急救室的那一刻，我自己也瘫倒在地上，紧绷的神经一下子松弛下来，坐在地上号啕大哭，冰冷的医院走廊只剩下无助的我。从小到大从来也没经历过这样的事情，这一次我真的怕了，怕得彻彻底底。当她经过治疗病情得到了缓解后，我内心才稍稍轻松一些。直到现在回想起来，我的内心还是害怕的。

林芝的 10 月份因为气候原因，是传染病的高发期，又因孩子们正处在特殊的年龄段，就特别容易生病。这时病毒却特别偏爱我的孩子们，水痘来了！全校第一例水痘出现在了我的班级（后来孩子们亲切地称其为"水痘鼻祖"）。遵循医生的建议，预防水痘最好的方法就是晒太阳，大家都知道西藏被称为离天最近的地方，所以紫外线特别足，孩子们每天中午的午休就从教室搬到了操场。为了让他们有序地休息，我也去操场陪他们一起午休，就这样我跟我的 50 多个孩子在操场睡了一个星期。我们亲切地称其为天然的日光浴，当然一个星期的日光浴后我也成功地晒成了炭的颜色。

2017 年 11 月 18 日那一天，我永远忘不了。伴随着大地的轰鸣、房屋的摇晃，我从睡梦中惊醒，来不及穿鞋就往外跑。地震了，地震的恐慌充斥在整个学校。当房屋不再摇晃后，我回屋穿上拖鞋，就往孩子们的寝室跑，我敢确定这是我这么多年跑得最快的一次（好像比我高考体育考试跑得都快）。跑到学生寝室，孩子们都已经有序地跑出来了，站在了操场上。正值寒冬，凌晨 6 点，孩子们只穿着单薄的衣服，看着他们一个个冻得瑟瑟发抖，所有的班主任又返回寝室，把学生的被子拿出来裹在他们身上。那时候我们真的忘记了自己的安危，脑子里全都是别让孩子们冻到了。忙完了孩子们，我才发现自己只穿着一双夏天的单拖鞋。低下头看着自己早已冻得发紫的双脚，我还是很欣慰地笑了。

回到公寓看到手机上 30 多个爸爸妈妈亲朋好友的未接来电，我连忙拿起电话回拨过去。妈妈哭着急切地问我："孩子你怎么样啊，有没有事……"我连忙跟老妈撒起娇来，安慰她。渐渐地，妈妈也不哭了，妈妈说："孩子，我们听你的话让你跑那么远的地方去支教，再出点什么事我们可怎么办呀！"爸爸妈妈朴素的话语，包含着太多的爱。挂断了电话，我看着墙上镜子里蓬头垢面的自己，由衷地笑了。

由光耀和高一（十一）班学生合影

23 岁的自己永远都是爸爸妈妈长不大的孩子，此刻，23 岁的自己已经是 52 个孩子在学校的家长了。

2017 年 12 月 20 日，孩子们放寒假的日子，我早晨起来习惯性地去走访学生寝室，因为马上放假了，要给他们开会讲一下假期要求。本应该是所有师生都喜欢的日子，可是 52 个人的高一（十一）班教室里，所有人都低头不语，因为下学期要分班了，当我说完最后一句话："老师希望我最亲爱的 52 个孩子健健康康、一切都好。"这个时候孩子们都哭了，我装作若无其事地安慰他们，我们还会再见的。送走了学生，绷了一上午的我终于忍不住了，记得当时发了一个朋友圈："孩子们放假了，送走了他们，转身之后真的控制不住自己，泪流满面。孩子们，老师真的很舍不得你们，老师永远爱你们，你们真的是我在西藏这一年最珍贵最美好的回忆，老师希望你们健健康康、一切都好，扎西德勒。"告别，高一（十一）班。

我与高一（六）班的故事

2018 年 2 月 28 日，结束了短暂的寒假，我又回到了林芝。因为是支教老师，所以下学期学校没有打算再继续让我担任班主任，可是命中注定，我与孩子们的缘分至此还没有结束。还是因为学校紧缺班主任，我再一次回归到班主任岗位，继续当孩子们在学校的家长，这一次是分班后的高一（六）班。

命运总是那么的相似，继上学期所负责班级被称为水痘班之后，这学期又有"红眼病"光临我班，全校第一例红眼病出现在了我们班，随后学生相继被传染，因为传染的速度比较快，学校对学生采取了隔离治疗。班主任的任务就是轮班执勤，因为是男老师，所以值班时间被安排在夜晚。值班要求对学生寸步不离，男老师们，晚上只能睡在车上。4 月的林芝夜里很冷，阵阵寒风从车窗外划过，内心的恐惧和身体上的寒冷，注定彻夜无眠。

在林芝我最喜欢做的事情就是把孩子们带到操场上，一起跳锅庄舞、看星星、唱歌。我与他们有一个不成文的约定，只要他们表现好，我就每个星期带他们去操场唱歌、跳舞、看星星。渐渐地，每个周五晚上最后一个晚自习，我都会带着他们去享受他们这个年纪应该享受的单纯和快乐，缓解一个星期的学习压力。西藏的孩子个个能歌善舞，每次他们都会给我带来不一样的惊喜，他们热爱唱歌，热爱跳舞，我们 54 个人手牵着手，跳着孩子们喜欢的锅庄舞，跳累了就跟孩子们躺在操场上一起唱着我们喜欢的歌，谈着班级这一个星期发生的事，说着他们的理想。看着林芝美丽的星空，我感受着大山里孩子们的淳朴与善良。记得有一次，班里一个女孩问我："老师，大海大吗？它跟雅鲁藏布江哪个大？"我被她淳朴的可爱逗笑了，我问孩子们："你们见过大海吗？"整个班级只有一个人见过。后来我告诉他们我的大学就在美丽的海滨城市，那里就有大海，只要努力学习，将来就能看到那广阔无边的大海了。于是几天之内我们班的理想墙上，孩子们把他们的理想都变成了"我要考上辽宁师范大学"。现在回想起来，我还有些后悔，因为面临考试，压力太大，学生们有写不完的作业，就再没带孩子们出来过，这也算一个遗憾吧。

期中考试的成绩出来了，年级倒数第三。面对这个成绩，我内心很失望，感觉对他们的期望一下子坠到谷底。我没有批评他们，就跟他们说了一句话："老师还有几个月就要回内地了，我希望你们送

由光耀和高一（六）班学生合影

老师一个礼物，把成绩提上来。”我清晰记得那些日子，全班没有一个人午休，都在低头学习，期末考试结束后，看着排名榜上高一年级第一名写的是“高一（六）班”，班主任“由光耀”，我按捺不住自己内心的感动，孩子们再一次把我感动哭了。

2018 年 7 月 20 日，在林芝二高的最后一晚，也是和孩子们相处的最后一晚。我像往常一样回到教室，推开门一下就看到黑板上孩子们的精心布置，上面写着“老师您辛苦了”6 个大字，还有他们偷偷定制的蛋糕，上面写着“最好的我们”，内心的情感终于按捺不住了，这时我才理解什么才是“最好的我们”。与他们抱头痛哭，拥抱着他们每一个人，哭着告诉他们一定要加油。孩子们用手机记录下了这些瞬间，直到现在，我也没点开过。我不敢点开，我怕看到自己潸然泪下的样子。

在西藏的这一年，经历了很多这辈子都不会忘的事情，也收获了很多，直到现在经常梦回西藏，我与我的支教伙伴们，我与我的孩子们，我与我的同事们……一次美丽西藏行，终生雪域高原情。我与他们的故事实在是太多太多了，希望婷姐出续集的时候，还能找我，我把我与西藏的故事讲给你们听。

文 / 辽宁师范大学第四届研支团　由光耀

我一直把光耀当作弟弟看，虽然他平时总帮着女孩们干重活，但我知道他内心还是个长不大的男孩。刚到林芝不久，他就接到了学校急缺班主任且需要支援的任务，便主动请缨担任了高一年级的班主任。我们都知道班主任这个工作不容易，要独立去管理 50 多个学生，这对他来说是个挑战，也必定会有无数种可能发生。但一年下来他让我佩服至极。什么才是合格的班主任？一起来听听他的班主任故事。

被需要的日子，真好

2017 年 7 月，我做了一件一生中从来没有想过的事情，那就是踏上了通往西藏的列车，这一去便是一年。列车缓缓地行驶在原野上，路上我一直在举着手机，贪婪地拍下窗外的风景。蓝天、白云、冰川、草原、牦牛统统都被收入“囊”中。我从来没有想过我会踏上这么一块神奇的土地，我的内心既紧张又激动，各种想法充斥在我的脑海。或许在人生中能够去到不同的地方去遇见不同的风景、不同的人才会变得更有趣吧！

我们一行 7 人支教的地方是西藏自治区林芝市第二高级中学。林芝市位于祖国的西南边陲，风景秀丽，被誉为“雪域江南”。我们从拉萨结束培训前往林芝，在沿途的大巴车上，一路观察着不断变化的风景，从原本的光秃秃的山脉到草地、到灌木丛、一直到树林。我想，我们应该马上要到达目的地了。

刚到学校不久，我们就被分派到了各自的教学岗位。由于当时师资力量缺乏，能胜任班主任的人选并不多。因为我是为数不多的男教师，因此学校找我商量，希望我能去当班主任。我没有丝毫犹豫，毅然决然答应了。就这样，我开始了为期一年的支教生活。

经学校研究决定，安排我担任高一（三）班的班主任。说实话，在见到我的学生们之前，我还没有做好充分的准备。年级主任朱华杰老师在新生入学前就传授了我很多管理学生的经验，让我真切感受到当地教师们对我们这些志愿者们无微不至的关怀。

开学前一晚，我躺在床上，思来想去怎么也睡不着。我不知第二天该以怎样的心态来面对新来的学生。我翻了翻身子，仔细一想：我高中时最遗憾的是什么？是长大后对高中入学时模糊的记忆，想不起谁来送自己，是高兴入校还是和家人恋恋不舍？于是开学那天我决定做一件事，那就是带着我的相机给每位学生和他们的家长留一张合影，希望在未来的某一天他们可以拿出照片看看自己曾经的模样。多幸运能在西藏遇到这群可爱的孩子，多幸运能被你们需要。

一次，学校检查卫生区清扫情况，我们班级的孩子们一大早清扫完就回教室上早读了。但后来学校检查卫生区仍有垃圾，于是给我所在的班级在德育分数上扣了一分。当学生们得知这个消息时，都瞒着我，害怕我知道以后会生气和难过。可纸毕竟包不住火，事情怎么会逃得过我这个班主任的眼睛。我相信他们早上一定清扫干净了，于是我便拿着笤帚和簸箕，准备去卫生区帮他们清扫干净。当我赶到的时候，孩子们已经早早地站在卫生区，低着头等候我的“发落”。我走过去，看到了他们眼圈里含着的眼泪，心里很不是滋味。一个女生主动走上前，用哽咽的声音对我说：“老师，对……对不起，我们给班级扣分了……但是大家真的，真的打扫得很认真。我们给班级抹黑了，对不起！对不起！对不起……”话罢，无数个“对不起”萦绕在我的耳畔。我作为一个身高一米八六的东北汉子，当时真的手足无措，我没有想到仅仅一个扣分就会让他们那么难过。我心里也非常难过，但也只能装作淡定地让他们回到了班级座位。我站在讲台上看到他们那一双双自责的眼神，不知不觉间，我的眼角也湿润了。

最让我刻骨铭心的还是在教师风采大赛上发生的那件事，至今回忆起来心里还是暖暖的。林芝二高每年都会举办一场党员教师风采大赛，老师表演节目，学生作为观众。在比赛前一天晚自习时，我想突袭查看一下大家的学习状况。刚进门就发现有人在折纸，而且是一个爱心形状的折纸。我想都没想，就对其进行了简单的批评教育。等到教师风采大赛的那天，我有一个单独演唱的节目。在我演唱开始时，看到全班学生突然站起来，每个人手里都拿着一个挥舞棒。我仔细一看，这个挥舞棒分明就是昨天折的那个爱心形状的折纸加了一个用纸做的小棒子，而且爱心形状的折纸被他们用彩笔涂得五颜六色。还有一部分同学手里举着一个纸壳板，上面写着“长安老师你最棒”“长安欧巴加油”“长安男神我们爱你”……

原来，一切都是他们精心策划后为我准备好的惊喜。结束后，他们把所有的东西都收在一起给我送了过来。我记得当时，愧疚的泪水再也抑制不住，只觉得眼前都是雾状的。我擦干眼泪，把他们每个人做的东西都拍了一张照片，至今都存放在我的相册。

时间过得很快，快到期末听到最多的一句话就是："老师，听说我们下学期就要分文理了，老师我还想让你教我。老师……"生活就是这样，美好的东西总是短暂的，我们只能眼睁睁地看着它离我们远去，却无能为力。能够和三班的孩子们愉快地相处一学期，就是我莫大的缘分了，已经非常满足了。我想让他们成为我西藏记忆中最宝贵的那部分。

第二学期刚开学，罗校长和朱老师又找到我，说现在真的没有办法了，还缺一位老师担任班主任。他们对我去年所做的工作非常满意，因此坚持要我再担任半学期的班主任。

哪里有需要，哪里就有志愿者。就这样我又成为高一（八）班的班主任，一名文科班教生物的班主任。由于我所教的科目并不是孩子们的主科，所以他们对我的课程并不重视，我也突然间变得一筹莫展，努力想办法将他们的注意力拉回到我的课堂。八班的同学比起三班的同学更为"活泼好动"，因此管理起来就比较麻烦。

经过综合考虑，我想了很多办法对班级的学生进行"整治"：在上晚自习前的十几分钟，我就带着班里的孩子们开始一同学习。不仅如此，我每天还会带着他们一起背诵，并规定时间对他们进行抽查提问。我也经常给他们讲英语单词和古诗词，以及向他们传授我的背诵技巧等。我还让他们每周写周记，并给他们进行客观公正的批语。

李长安和学生合影留念

很多时候我写的批语比他们自己写的周记的字数还要多。我希望他们能感受到我对他们的付出，看着他们一天天地长大、一点点懂事，我心里总是美滋滋的。

一年的时间很快过去了，临走前我和他们每个人都分别合影留念。放假前我也收到了他们的来信，同时也包含充满心意的礼物，还有那代表祝福的哈达。最令我难忘的还是一位八班女学生送的一本她自己画的漫画，这个漫画记录了从高一下学期开始到结束整整一学期我和班级的故事。那本漫画直到现在我还随身携带着，每当想起他们的时候，我就会拿起来看一看。脑海里，始终浮现的，是那段最美好的回忆。

如果你问我最难忘的记忆是什么？毫无疑问，我会给你一个长长的镜头，那是西藏一年的支教记忆，这实在是浓墨重彩的一段生活。

我很感谢西藏这一年。这一年，让我真正品味到了“为人师表”的深刻含义；这一年，也有幸让我成为这几十个孩子的“家长”；这一年，让我拥有6个生命中最重要的兄弟姐妹。这一年，让我收获了美好。感恩这一年遇到的每一个人、每一件事，他们对我来说都是弥足珍贵的。

西部计划有句口号：“到西部去，到基层去，到祖国最需要的地方去。”这一年里，能被西藏的这群孩子们需要是值得的、是幸福的。愿两年后我的孩子们都能考上称心如意的大学，到那时，我们江湖再见！

文／辽宁师范大学第四届研支团　李长安

在你的眼里，支教仅仅是去一个很远的地方待一段时间、拍几张照片、发个朋友圈就结束了吗？不！那你一定没有听到过西藏孩子们琅琅的读书声，一定无法想象他们红扑扑的小脸上呈现的笑容有多么灿烂。他们会亲切地称呼你为“gei la”（藏语“老师”的意思），也许只是作业本上出现一个大大的“优”字，都能够让那些孩子们高兴地蹦起来，那里的一切都是那样的美好和简单。我和长安一起出发去西藏，临行前他还有点害怕和担心。前方路漫漫，一切都充满了未知。但一年下来他被西藏孩子们的热情深深感染和感动，在孩子们那种被需要的眼神里，我看到的是幸福，是值得。

《怀念青春》　演唱：刘刚

这首歌是我们研支团每个人都会唱的歌。怀念我们的青春，那一句再见有太多的放不下。对于青春，可能每个人都有不同的感受，或甜蜜，或幸福，或苦涩，或困惑。我们研支团7个人的青春在西藏绽放，在雪域高原绽放，那里我们遇到了最美的人、最美的风景，有最美的回忆，珍存，藏于心。

2　演讲比赛

前些日子，学校老师说，林芝要迎来一个关于志愿者的比赛，让我们积极参与其中。是啊，在西藏支教的日子是幸福的，也是单调的，总归需要有一些活动把志愿者们凝聚在一起，互相讲述各自的青春故事。

得知演讲比赛时，我内心极度兴奋，这不仅是我擅长的比赛，还能听到同志们不同的故事，简直太美妙了。但就在报名的那一刻，我选择放弃，跟团市委说我要担任主持人。一个好的主持人，更能带动现场气氛。难得的活动，我愿竭尽全力。

9月29日，在“青春喜迎十九大　志爱林芝跟党走”志愿者演讲比赛中我荣幸地担任主持人，我们研支团另一位小伙伴吴稼葆，获得第一名的好成绩。

我喜欢叫她“大宝”。在林芝一直都是她照顾我。比赛前，她跟

演讲比赛现场，孟婷担任主持人，吴稼葆为参赛选手

我说："以前参加演讲比赛特别没自信，最高纪录也就三等奖，我想试试这次能否拿个第一，将来也好有个念想。"她的这句话，让我决定帮助她。演讲稿成形后，我从朗读技巧、情感表达、肢体语言、表情、配乐等各个方面全程协助，有时工作忙，我们半夜排练有时甚至待到凌晨 2 点才结束去睡觉。功夫不负有心人，最终她获得了第一名。

在西藏的日子里，支教教会我什么是"奉献、友爱、互助、进步"的志愿者精神，也让我在这个过程中收获一份份来自高原的友谊，那是比生命更珍贵的礼物，我愿竭尽所能去守护它。

【附好友吴稼葆支教记忆】

以青春为名，赴一场高原梦

乘着通往拉萨的列车，经历近 70 个小时的旅途和颠簸，从辽宁大连到西藏林芝，从高校学生到志愿教师，用行动践行承诺，用距离实现梦想。毕业之际，我有幸成为全国第十九届研究生支教团的成员之一，有幸成为辽宁师范大学第四届研究生支教团的七分之一，前往祖国的西部边陲西藏林芝支教。

大学毕业前夕，得知学校研究生支教团面向学生招募志愿者，正值 22 岁，人的一生最好的年龄，我愿带着青春和理想去体验那令我憧憬的生活。带着父母的担心与期盼，带着老师和朋友的关怀，我来到了人间净地——醉美“林芝”。接踵而来的，是一场场刻骨铭心的挑战，与终生难忘的情谊。

作为一名新晋物理老师

踏上西藏林芝这片地域之前，我曾对于支教生活有过无数设想，包括居住环境、教授课程等。万万没想到！学校总是缺乏各种教师，作为唯一一名来自理科学院的学生，我光荣地成为学校物理组的一名成员。由此，我开启了为期一年、两个学期的支教生活，这对我来说是份艰巨的考验。距离开学仅剩一周的时间，为了充分地给课堂做准备，我开始了每天认真学习网课、记笔记、画图、背公式、求助同学和老师……偿还一系列高中时期欠物理老师的学习债。我不由得感叹，如果高中时期能够对物理学科倾注这么多努力，必然会有更优异的高考成绩！

随着课程陆续开展，与学生们共同讨论，一起进入实验室，我慢慢感受到了肩上的担子，了解了学生的实际情况后，也让我的教学有了规律性。还记得支教生活结束前夕，恰逢高一全体学生的物理学业水平测试，实时我担任10个班级的物理教师，教学楼因为布置考场全面封闭，我们就席地而坐，为学生答疑。现在回想这些依然是满满的幸福，并没有念头去考虑是否辛苦，只觉得自己能够给林芝二高的学生们留下些知识，是人生中的一笔重要财富！

作为一名新晋舞蹈老师

众所周知，藏族是一个能歌善舞的民族。作为志愿者，我们都会分别给学生开展一门拓展课程。常年以来爱好街舞，加之希望和学生们一起玩耍、生活，我成为学生们的街舞拓展课程教师，并收获了好多优秀的学生和好朋友。在学校主办的教师风采大赛上，街舞课堂的学生们还为我助阵，帮助我呈现了一场唯一一个有学生助演的教师节目，至今我还能记得她们在我身后小声喊着口号变换队形、生怕出错却还保持“僵硬”微笑的脸庞，大家的努力也为我收获了一张载着温度的奖状。

自此，我便成为一名兼职舞蹈老师。恰逢林芝市第一届中小学生运动会开幕，我受任于学校团委负责开幕式华尔兹节目的编排。起初，我还比较期待这个和学生一起排舞的机会，可排练刚一开始，就面临重重的困难。我们没有专业的华尔兹教学老师，只能是我学习每个动作再教授学生，学生们大多具备街舞和民族舞的功底，我们的场面一度搞笑。在忙碌地克服重重阻碍并不断磨合的过程中，我们的时间已经开始紧张，学校领导希望在校运动会上看到我们初具雏形的表演展示。我每天泡在舞蹈教室，对着镜子练习女步，抱着婷姐练习男步，长安看我忙得辛苦，也利用空余时间跟我学舞步，帮我带学生。现在回想整个过程，无法想象那短短一个多月哪里来的那么多精力，我会因为学生们偷懒而发火，也会因为他们晚上吃不上饭心疼，所幸，喜怒无常的练习还是有所收获，至今还有学生用我们的大合影作为朋友圈的背景图，他说这是他第一次穿上西装。

作为一名新晋志愿者

从对研支团的项目产生兴趣到坐标定位林芝，其实长达半年多的时间，现在回想感觉就是一眨眼的事情，包括这一年回味无穷的支教生活，同样也是过得飞快。

还记得刚到拉萨我们穿着蓝色的志愿者服参加培训，那时还晕乎乎的，无法适应高原的环境，却仍然清晰地记得我们被称作“蓝精灵队伍”，那是我第一次对西部计划这个伟大的队伍产生了强烈的归属感。

初到林芝，我参加了团市委主办的林芝市志愿者演讲比赛并获得了一等奖，那是我第一次站上团市委的小舞台，也激发了我内心对这个地方的热爱；第二次结缘，是带领二高的学生进行农奴纪念日的话剧会演；在离岗前的志愿者晚会上，我表演歌曲《给所有知道我名字的人》致敬我们辽师七人行的这一年，并和孟婷一起担任主持人，这是我最后一次站在林芝团委的舞台上，也给我的志愿生活画上了圆满的句号。

志愿生活让我刻骨铭心的还有难忘的高原反应！在来时的火车上，我就在那曲站体验了一场眩晕，两眼一闭，直接倒地，那时全车的志愿者都高度紧张，因为还没人见到过究竟什么是“高反”。我一睁眼，映入眼帘的是满桌子的葡萄糖，各种说不上名字的胶囊、冲剂、含片等各类药品，直至今天还有其他团队的小伙伴我都叫不上名字，但那时的帮助和照料我终生难忘！

到了林芝，我就开始为期一年的“肠胃高反”，无论吃什么、吃多少，都不能吸收，经常半夜两点多饿得睡不着，迷迷糊糊起来找东西吃，几乎闭着眼睛煮面、煮水饺。婷姐和美懿被我吵醒，也会过来陪我一起吃，陪伴我度过这一年的“深夜食堂”。下半学期接近期末的时候，我带的 10 个班级面临学业水平测试的压力，同期正好赶上“3·28”话剧和开幕式华尔兹舞蹈的排练，我体验过一周每天从早 8 点的早自习一直上到晚 10 点晚自习结束的课程，午休和晚休则带领学生排练，忙起来根本想不起来吃饭，就觉得头脑放空地“瘫”一会是一种享受。那段时间真是一言不合就直接晕倒，我的伙伴们都已经习以为常，随身带着糖“救”我，实在不行就把我带回家里。过去一年里没有说出的感谢，在这里要真诚地表达给你们！

这一年的种种也让我的体重少了近 30 斤！我一米七的身高，不知不觉瘦成两位数，早知道会经历这些，以前就不要那么辛苦地减肥了。（偷偷告诉那些羡慕我瘦身成功的小伙伴！“高反”减肥效果因人而异哦，比如天天被我缠着陪我胡吃海塞的孟婷同学，就陪我吃胖了，不过现在转型健身达人了！）

作为一个新晋志愿团队

这一年最大的收获，就是我们的队伍——辽宁师范大学第四届研究生支教团每个成员的成长。我们团队 7 个人在家都是被父母呵护长大的 90 后一辈，转而要立刻适应自立自强、艰苦奋斗的生活。记得刚把屋子收拾利索，锅碗瓢盆、柴米油盐置办齐全的那一刻，我真的特别想家，可是一个多月下来，这个新“家”给了我加倍的温暖。每天吃完饭后，我们大家都围坐在一起，谈学生、谈教学、谈工作、谈生活、谈心情，欢声笑语，其乐融融。

在这个距离故乡将近 4500 千米的小小房间里，我们没有父母亲人的陪伴，没有家庭的保护，也正是这种环境让我们 7 人情同手足，彼此亲如一家。支教的日子虽然处处是挑战，但几个兄弟姊妹间和衷共济、守望相助，再大的困难我们都携手度过。作为志愿者，我们知道自己的使命和责任，我们秉承的原则是：有任务，不犹豫，就是上！长安和光耀担任班主任，付出了几乎全部的时间和精力；熠辉是计算机出身，学校的电教、网络，包括各办公室的大小问题都离不开他；台风儒雅、踏实，深受学生的喜爱，也在学校的党建办公室一直默默付出；美懿负责最有挑战的英语学科，任务量大，工作量大，数不清加了多少班，也无怨无悔地为学生付出；婷姐和我一起在团委负责大小活动，播音主持专业的她把所有的专业能力都献给每一项工作任务，也给予我不少的帮助！

孟婷和好友吴稼葆参加林芝市演讲比赛合影

虽然就住在对门，但由于工作比较忙碌，我们这个小团队真真正正地聚餐其实并不多。但只要有机会，我们都会像小孩子一样，组团出行！遇上假期就是各旅游景点玩得最嗨的那个小型旅游团，忙里偷闲就在街上放纵地玩闹，在大小餐馆吃肉吃到其他桌的客人惊叹，一起唱歌回忆青春、感慨生活，互相陪伴彼此、支撑彼此走过这一年！如今回到校园，尽管位于两个校区，但凡有重合的时间，我们都会聚在一起，没有任何负担地分享我们的生活，说那些只有我们能听懂的故事。如果说西藏林芝是我们的第二故乡，那么研支团就是我们7个温暖的小家庭，见证我们一起奉献、一起成长！正如那句，时光不老，我们不散！

走上支教路是一个不悔的决定，感激自己遵于初心的选择！

祖国的大美西藏，我用我的23岁，爱了她一年！

吴稼葆，无价之宝，名字好听，我们常常喊她“大宝”。尤记得去支教的路上，火车刚到那曲她就高反缺氧，那个时候我就担心身子虚弱的她怎么挺过这一年。笃诚奉献不言苦，援藏支教写春秋。这一年，大宝就像格桑花一样，绽放在林芝二高的每一个角落，课堂上、舞台上、操场上，她的身影无处不在。这是一场以青春为名的高原梦，听她讲述别样的支教路。

3　做一个"会说话"的高中生

——第二课堂之主持口语传播课

语言是艺术的表达。在日常生活中，口语表达往往是一个人气质、风度和智慧最直接的表现。在口语传播过程中谈吐高雅、语言幽默、语风严谨、语调得体是每个人所追求、向往的，这不一定是与生俱来的，后天的熏陶和锻炼起着决定性的作用。

对于藏区学生来说，口语表达是他们的劣势。几个月的校园生活，我了解到藏族学生普通话还算通顺，但他们尤为不自信，说普通话时会低着头，拿手捂着脸，眼睛无神且特别容易逃避，一句话只用几个简单的词语拼凑而成，不能完整地表达这句话的意思。

但是他们身上有内地孩子身上没有的东西——信息捕捉能力。比如，一次给他们做看图说话训练，很多孩子在图上找到了我没有发现的话题点。后来我才得知，孩子们小的时候，常常跟着阿爸阿妈上山采冬虫夏草，发现和挖掘能力过人。

为此我决定在课余时间为他们建立第二课堂——主持口语传播。通过口语表达训练，我想矫正规范他们普通话语音，让藏族孩子爱上说普通话。

口语传播其实就是人类很早以前传播活动的第一个发展阶段，大致是从人类摆脱"与狼共舞"的野蛮状态、组成原始社会开始，一直到后来文字的出现。简而言之，就是从人类开口说话到用手写字这一漫长时期。

从口语传播阶段、文字传播阶段、印刷传播阶段、电子传播阶段，到现在网络传播，口语传播一直是生活中不可缺少的传播方式之一。我们社交交际、新闻播音、演讲、辩论和演说等场合都需要使用口语传播。可以说，在网络传播时代的今天，口语传播仍是应用最广泛的。

主持人口语传播课是一门有声语言的学问，关乎口耳之学。过去没有专门的口语交际课，据了解，它是2001年课程改革之后新增的一种课型，因此许多老师不习惯，也不喜欢上口语交际课。口语传播课程不光学习播音、主持方面的内容，更多的是学习规范普通话、言语表达、口语交际、朗诵演讲等方面内容。

我在给藏族孩子们讲这门课时，一般会按照以下几个步骤讲解。第一，让学生从敢说到爱说，再到会说，循序渐进，鼓励他们先把嘴张开，爱上说话；第二，重新教他们正确的汉语发音，强调标准；第三，听说一体，听是说的基础与条件，学会说从学会听开始；第四，说真心话，表真感情；第五，融入语文学习中，与教学课程学习相结合；

孟婷在讲授主持人口语传播课

第六，口语交际训练要符合生活实际。

来上课的学生全都是零基础，有的孩子甚至都不知道什么叫“播音主持”，刚开始时我确实很狼狈。我从绕口令、看图说话、朗诵诗歌开始教起，大部分孩子朗诵时拿腔拿调，用感情的时候会声嘶力竭地去喊，即兴说话时词汇量少，想说却又无法表达出来。还有个别学生需要花大量时间卸掉自身拖腔甩调的痕迹，打通只会读不会“说”的思维闭路。好在他们的热情足够，也希望练好普通话，这就足够了。

主持人口语传播课中的高一学生

孟婷为第二课堂学生上课

我只有一年的时间帮助他们学习，所以我尽力安排好学习时间，大致分为以下两个阶段。

第一阶段是口语表达能力训练。这个训练

孟婷为第二课堂学生矫正发音

时间大概需要一个学期，主要训练内容包括发声方法、普通话语音面貌、绕口令、相声快板、诗词朗诵 5 个方面内容。

第二阶段为口语传播能力训练，这也是最重要的一个步骤。这个训练时间也需要一个学期，主要训练内容包括即兴说话、仪表体态、看图说话、校园记者、播报采访等内容。

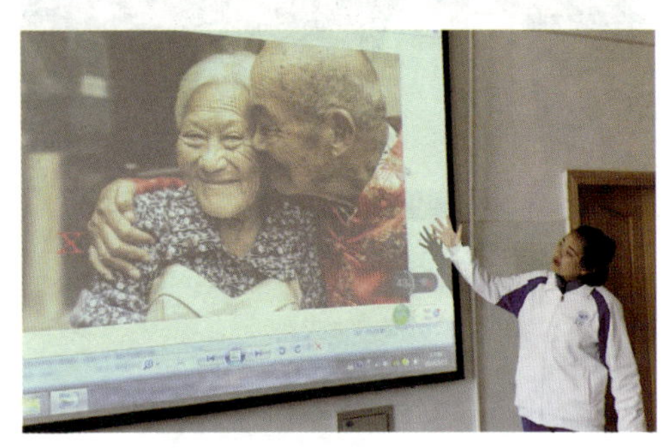

学生索朗德吉练习看图说话

如图，这是学生索朗德吉在做看图说话练习。刚开始她只会结结巴巴说“爷爷搂着奶奶”，慢慢引导后，德吉可以勇敢站在台前，从图片的颜色、动作、细节有顺序地讲述图片里的故事。

这堂课开设至今深受学生喜爱，他们越来越喜欢这堂课，我也

口语传播课上的学生登台主持

尽力找机会让他们参加和说话有关的活动，鼓励他们上台当主持人，在学校各种大型活动里担任记者。一段时间后，他们变得更有自信了。

其实无论藏民还是汉民，很多高中生都不擅长口头表达，藏族学生更加明显，我只希望尽己之力，把思维能力的培养和思维习惯的养成贯穿在学习之中，还要言之有物、言之有理、言之有趣，达到“声、意、情、思”合一的教学模式，引导学生观察社会、发现问题、思考辨析、尝试解决，鼓励学生学习经典，引导学生树立社会责任、理想情怀，提高审美品位。

【附口语传播课堂学生信件】[①]

亲爱的孟婷老师：

没想到那么快，你一年的支教生活就要结束了，还记得第一次见你时，是在你的拓展课上，第一印象感觉你好温柔、好漂亮，最重要的是声音超级好听。其实我感觉，我在你的拓展课上待的时间比其他学员久一点，你教的东西很新颖。因为你，感觉我的普通话标准了很多，而且你教会了我很多东西，让我感觉自己并不是一无是处。你不教我们这些东西，我都不会知道有这门专业。哎哟，写着写着都不会说话了，感觉自己语言表达能力都下降了！（因为好久没上你的课了！）

告诉你一个秘密，每次搞啥活动你主持的时候，你是 bling bling 的，闪闪发光哦！

林芝二高主持拓展课　张钦岚

① 原文个别部分有做编辑修改。

亲爱的孟老师：

很幸运在这次拓展课中能去到您开展的拓展课上，我感觉对记者或者主持这个行业多了一些了解，因为我本来想选这个专业，我本身也很喜欢这个专业，但是由于各种原因不得不放弃。可是，我愿意为了这一心愿去努力一把，只因为我喜欢。

是您把我带入这个拓展课，是您让我确定了我的梦，是您让我愿意为了梦拼一把。可是，最后您没带我们几节课就去出差了，这让我很遗憾。

最后得知您要离开，虽然很舍不得，但是这让我想起了一句话：“离开是为了下一次更好的见面。”期待“下一次”。

您离开后要注意身体，也要开心过好每一天！加油，会想念您哦！

林芝二高主持拓展课　扎西卓玛

Dear 孟婷大美女：

这眼看你就要走了，我们几个也要面临我们的黑色高三了。和你在一起的这些时光很难忘也很快乐，当然也很感谢大美女一直以来的照顾，你教会了我许多知识。最开心的事啊，就是我和孙权有幸和你同台主持。你可是记者耶！也是老师！但你是和我们年龄差距不大的老师，你呢就像我们的朋友，我们是小朋友，你是大朋友。亲爱的大朋友，你马上就要离开我们这些小朋友了，很舍不得吧？其实小朋友们也会很舍不得大朋友你的。回家之后要好好照顾自己的身体，别因为工作忘记吃饭，不可以心情不好，你要像小太阳一样整天都微笑！大朋友，与你相遇好幸运。余生好长，你好难忘。愿我的大朋友这一生都平安！

林芝二高主持拓展课　川西

4　我的公开课

开学不久，我得知每一个新来的教师都要面向全校老师讲公开课。虽然经常上台演讲主持，但要以一个老师的身份，面对学校领导和几十个师生讲授课文，我还是有些许紧张。

那时正巧在教高一语文课，我便挑选了一篇记叙文，是作家海伦·凯勒创作的《再塑生命的人》，写给她生命中最重要的老师——莎莉文。

我花费了几个日夜终于把教案、课程线索等整理齐全，在这里还要感谢我的师傅王军老师的悉心指点。他是南开大学附属中学的援藏教师，正是他带我走上了语文教学的正轨。

2017 年 10 月 16 日，林芝第二高级中学校级公开课开课。我记

孟婷与王军老师在色季拉山口海拔 5000 米处合影

得很清楚，那一天外面小雨霏霏，我的心充满了忐忑与不安，怕学生配合不够，怕课堂出现意外，怕自己紧张。各种纠结中，我走上了讲台。

讲台上，我用微笑让在座的同学们放松，也告诉自己放松，专心投入授课中。我和孩子们用心、用情去感受海伦·凯勒和老师之间的感情，不知不觉中紧张消失了。

课后，在会课过程中学校领导说我自信大方、谈笑自如，我收获了大量好评。我才得知“世上无难事、只怕有心人”的真谛。

学生在上孟婷老师的语文课

常听人这样形容老师：“要给学生一杯水，自己要有一桶水。”我自觉我的水还是足够的。渐渐地，我找到了作为语文老师的快乐和成就，当我把中国汉字一笔一画写在黑板上，讲台下几十双小手反复摹写、口中喊着横竖撇捺时，当看到孩子们能熟练书写汉字，记住一些生僻字的结构、偏旁时，那种满足感油然而生。

在雪域高原，我找到了人生的价值，收获满满的使命感、成就感和幸福感。教学是一个不断修行的过程，人生亦是如此！

《俄罗斯吹来的风：叶赛宁抒情诗选》　作者：叶赛宁

在央视文化类节目《中国诗词大会》中，一位离家在外的父亲为教女儿，费力把词谱成曲子时，董卿献上俄罗斯诗人叶赛宁的《我记得》——“当时的我是何等的温柔，我把花瓣撒在你的发间，当你离开，我的心不会变凉，想起你，就如同读到最心爱的文字，那般欢畅。”叶赛宁的诗特别适合夜深人静时一遍遍去读，去品，去赏析。在这个浮躁的时代，希望大家都能在内心深处给文学诗歌留有一席之地。

《人性论》 作者：大卫·休谟

休谟在《人性论》中认为：骄傲和谦卑的直接对象是自我，或是我们亲切地意识到它的思想、行为和感觉的那个同一的人格；爱和恨的对象则是我们意识不到他的思想、行为和感觉的某一个其他的人。作为人而言，失利、失意、失业或者失恋，都没有什么大不了的，因为我们生而为人。

5 活动袭来

在党的十九大即将召开之际，各地都在喜迎十九大，林芝二高也不例外，为此举办了很多活动，而我作为文艺积极分子，又怎能不参加呢?

活动如下：

在“林芝市第二高级中学喜迎十九大 走进国学 品味经典国学讲座”中担任主持人；

在林芝二高“喜庆十九大唱红歌颂党恩”活动中担任主持人；

在“林芝市第二高级中学庆祝党的十九大胜利召开暨国学经典诵

在林芝二高庆祝党的十九大召开国学经典诵读活动中，孟婷指导的学生朗诵作品《千字文》荣获第一名

读活动”中，辅导高一（三）、（四）班表演的《千字文》获得朗诵大赛第一名佳绩，并带领教师队伍朗诵《十年二高》和《趁父母还在》。

说实话，我喜欢编排节目，刚开始接到活动通知，不知是兴奋还是压力，我竟一夜未成眠。我不仅享受节目最后带来的荣誉，更享受排练的过程。

记得在排练《千字文》时，我邀请几位藏族老师出谋献策，从挑人、筛选、排练，到最后活动结束，我都处于积极备战的状态。我想把传统文化和藏文化融合在一起，无论在节奏还是韵律上，都能彰显出声音的强度、力度和舞台效果的美感。为此，我特别感谢那些无私的藏族老师，还有那些最可爱的孩子们。

掌声是对付出最好的回报，节目大获好评。从接到通知到排练再到节目表演圆满成功，短短十几天，多少辛劳，多少惆怅，多少甜蜜，说不出的体验。我常跟孩子们说“事虽难，做则必成”，办法总比困

孟婷和支教老师参与朗诵节目

孟婷担任活动主持人

难多，用积极乐观的心态面对每一个困难，任何事都会如愿的。

《苦才是人生》　作者：索达吉堪布

我所接触过的藏族同事、学生几乎人手一本《苦才是人生》，于是好奇心驱使我忍不住拿来拜读。作者是唯一在北大、清华、人大、复旦等著名高校开设佛教讲坛的佛学上师，藏族人极为敬佩的大师，精通藏语、汉语，翻译过多部佛经，被誉为“当代玄奘”。读罢此书，你会对生活豁然开朗，你会享受当下的幸福生活，一切美好源于内心，很多人深陷生、老、病、死的痛苦之中，无法自拔，我希望这本书能让他们洞察痛苦的真相，找寻最本真的自己。

6　孩子们有自己的相处之道

很多没有支教经历的朋友，常跟我谈及她们眼中的支教——“山区里，孩子们睁着渴望知识的大眼睛，阳光灿烂的笑脸，穿着破旧不堪的衣服，就像天使一样单纯。”

很显然，这是一种对支教理想化、诗意的想象。如果真的带着这样的想法去支教，那就大错特错了。

我来分享两件事情。

第一，大家都知道高一学生刚入学时，会有一次新生入学考试，不仅是为了让代课老师摸清学生的情况，也是让学生有自己的认知。

那也是我第一次进行语文试卷的阅卷工作。当时给我分配的是拼音和汉字书写的基础题，接到任务后觉得挺轻松，任务量不大且还能了解孩子们的语文基础。

但看到试卷后我震惊了，很多孩子汉语拼音拼写不对，比如把“就”的拼音写成“jio”、把“抗”的拼音写成“kan”，还有的孩子把操劳写成“燥劳”、把姿态写成“咨态”、把不禁写成“不经”，等等。

为什么这些简单的拼音与汉字都能写错？我觉得不可思议，这种难度题目在内地恐怕连一个小学生都不会写错，而作为一个高中生连基础的拼音都写不对，笔画顺序更是错误连篇，由不得我不震惊，这可是高一的学生啊。

这次考试后，课堂上我会有针对性地给孩子们书写规范汉字，反复强调正确笔画，想各种教学办法教他们。而他们给我的反馈是一片沉默，孩子们不发言，我不知道他们是懂还是不懂，有时也会累到崩溃。

原以为他们很渴望知识，现实告诉我不是这样的。作为一个“年轻”老师，这给我带来很大的疑惑与挑战。

我尝试去引导他们，先培养兴趣点，再慢慢让他们认真起来。于是我用各种各样新手段去吸引孩子们的注意力：教他们写诗、给他们看我当记者时采访的视频、把古文编成曲调带着他们吟唱、开辩论会，等等。事实证明，这些办法确实有效果，上课几乎没人

语文课代表平措多杰

会走神。

第二，课堂上难免会遇到调皮捣蛋的孩子，不同的处理方式，有不同的结果。

有一个刚来不久的支教老师去听教研组老师的课，她当时穿了一件粉色的呢子大衣，进了教室搬凳子到后面坐下听课。期间出去接了个电话，回来继续听课。微妙的是她回来后，班里的孩子们很多都在窃笑，直到下课起身时，她才发现衣服上沾了一大块泡泡糖。那位支教老师很是气愤，但查问不出是哪个孩子干的“好事”，只能不了了之了。

孩子们有时会去试探新老师，看看这位老师的脾性如何，在我们看来，这是孩子们的恶作剧，但在孩子们看来，这是他们与新老师的相处之道。假如你非要找出恶作剧的孩子，孩子们会觉着你很严肃，

晨读课堂

惹不得。但如果你微微一笑，半开玩笑地说：下次想看老师衣服上沾泡泡糖，要提前说哦。孩子们会觉着你好相处，有什么事都愿意找你分享。

有位哲学家说，教育是一棵树摇动另一棵树，一朵云触碰另一朵云，一个灵魂唤醒另一个灵魂。

我说，你在哪里花费时间和精力，答案就会在哪里生根发芽。

《给孩子的诗》　作者：北岛

在西藏支教的时候，一位藏族语文老师推荐我读此书，当我翻看目录时已被深深吸引。这本书收录了 57 位来自不同国家的诗人之作、101 首不同风格诗人的作品。把目光聚焦在孩子身上，这样的诗歌读起来那么舒服、那么愉悦、那么纯真。童趣中的诗意是最美好的，我希望你永远拥有一颗快乐善良的童心，希望我们每个人在人生旅途中都是幸运的，殷切祝福你们！

7　快板《颂二高》

又到了林芝二高一年一度的教师风采大赛，据说这是教师队伍里最火热的活动，各个教研组会精心编排节目以展风采。语文教研组长肖红老师找到我，托我一定想一个出彩的节目。想而又想，我决定为语文教研组写一个快板词！夜以继日，作品终于出炉！

请欣赏——

竹板一打精神爽，语文老师齐登场。
二高教师竞风采，培桃育李皆榜样。
新学年，新气象，林芝二高新风尚。
文明校园更和谐，平安校园更安全。

二〇一七不平凡，二高样样走在前。
各项捷报网上传，电脑整天连连转。
学子园里喜事连，再多佳音都不嫌。
今年高考创新篇，明年高考超今年。

开学伊始巧部署，师生同心协力干。
共建和谐新校园，二高旧貌换新颜。
领导处处想学校，教工个个干劲高。
爱岗敬业讲责任，无怨无悔养育人。

拉旺校长宋书记，操心学校不容易。
两位徐校重教研，课改创新走在前。
米校德育来掌舵，千难万险都能过。
罗校强抓二课堂，导学案里谱华章。
二高学生本领高，全靠老师来引导。
班主任，领头跑，科任老师配合好。
德智体美齐发展，榜样老师去感染。

教研活动不间断，早晚自习使劲干。

林芝二高了不得，各路人才齐综合。
语文老师了不得，激情迸发声平和。
数学老师了不得，透彻分析真适合。
藏文老师了不得，两门语言巧结合。
英语老师了不得，初中高中相融合。
政史地，了不得，不谋而合常配合。
理化生，了不得，实验数据真吻合。
音体美，了不得，个个长得像百合。

语文组，实力强，书记校长排成行。
行政主任勇担当，风华正茂斗志昂。
林芝二高新气象，争创一流有希望。
开拓创新力量强，二高前景更辉煌。

8　赠思潜

大学毕业前夕，同窗好友思潜为我题词，如下：

天下事，果能坚韧不懈，总有可志竟成。

愿孟婷毕生求索，锱铢积累，日日精进，

则终通达。

2017 年 11 月 19 日，我下晚自习回到公寓，想起正值吾友思潜生辰，特为她写下这首小诗贺生。

光阴的年轮寂静无声，
从未有过片刻的停止。

午夜时分钟声的敲响，
记起吾友思潜的生日。

不必过多的嘘寒问暖，
不需冗长的生辰贺词。

纵然山长水阔几多念，
坚信他日相逢会有时。

一别之后依依满离情，
两地相隔切切满愁思。

三生有幸邂逅总嫌迟，
四载同窗光阴总是诗。

五彩流年花飞花满枝，

六月怅惘芳菲心满思。

七弦弹奏曲终意未逝，
八荒天地送君有情痴。

九州寰宇九州明月至，
十里风烟十里将往之。

千山万水抵不住牵念，
时空交错隔不开情思。

艳阳高照你年华依旧，
雪域江南我逐梦林芝。

思归之期相见叙往事，
潜心之语相逢望君识。

（特此感谢支教好友台风为此诗酌词）

此后，我找藏族学生把这首小诗翻译成藏语，亲笔写后寄送给她。

9 墨脱 一个很远很美的地方

学校德育处董老师，人人都爱喊他“董少”。董老师在学校是出名的能文能武，常常能看到他在校园里长跑锻炼，在楼下耍双节棍、练太极拳，时而路过他的办公室，还能看到他在作诗练毛笔字，可谓“腹有诗书气自华”！

一日我在维稳值班，恰巧他也在，于是便聊了起来。他推荐我看一本长篇小说《追爱到第三极》，读后才知这是他的作品，这本书现已出版，我也算是见证它的诞生了。他要我细细品读，帮他酌词。丹青妙笔，笔下生花，不知用何词形容恰当。

我看了他的很多作品，多数是关于“墨脱”的故事。董少大学毕业就来了西藏，分配到墨脱后一待就是七八年。他说：一个老墨脱人一定是亲自翻山越岭走过墨脱路的，现在路修好了，好多人慕名而来，但多数是感受不到当年天路的震撼了。

听着他讲解墨脱路，忽然我有了一个想法，帮他做一个公众号，让当年更多的“老墨脱人”找到亲切感，也让所有对墨脱感兴趣的朋友了解到真正的墨脱天路，同时也希望董少的文笔让更多人看到、读到。

他开心极了，这么多年来一直厚积，终于有机会“薄发”一下了！于是，受他委托，我也成了这个公众号的一员，为他的文章配音，就这样我们成了搭档。

他说：

曾经，我想远离父母去一个很远很美的地方，那里有山有

董老师当年徒步走的“墨脱路”

水有午后的阳光，有陌生而狭窄悠长的街道，街道上有淳朴的百姓来来往往。在那里，我种点小菜，挣一点够自己花的钱。

于是，我不停奔走，来到一座山前，爬到山顶一棵最高的树上，透过树枝的缝隙眺望远方平原上隐约如海市蜃楼的城市和延伸无尽的铁路。脚下，再往前一步，那是印度的领土了。

这里，美如世外；这里，古香古色；这里，神秘清幽；这里，江水回旋；这里，天蓝云淡风轻兰香；这里就是墨脱——一个很远很美的地方。

《如果我活着回来，就接受现在的人生》　作者：小朱飞刀

安妮宝贝曾说，那里的雨，如同神迹，不被窥视。它们自行其是，不与人知晓及猜测。你不会在世界的任何一个城市，看到这样的雨水。它是你所能感受到的奇迹，近在咫尺，与你曾拥有过的任何经验迥然不同。它们是被庇佑的暗示。虔诚的信徒认为，一生能有一次从拉萨到墨脱，都是蜕变的新生。“如果能从墨脱活着回来，我就找个人结婚，上班、过日子，接受现在的人生。”这句话是作者给自己立下的生死状，也是出行的决心。在这本书的目录里，我们可以看到一章章摆放着路程的坐标，跟随这些海拔地标去感受艰险墨脱路，去感受黄酒之香，去体验蚂蟥之痛，了解旅行中的基础攻略。

10　满分作文

都知道藏族孩子语文是难点，他们的写作水平更是不敢想象。先带你看一个颇为幽默的案例吧，那是一个语文课后作业，我要求孩子们用“我喜欢……而……而且……”造句，结果作业上交，真是“各有千秋”！

学生刚刚步入高中，我要求他们经常写一些简单的记叙文和随笔小诗，这样方便理解作文叙述能力。临近期末，学生有了不少进步，特挑选几篇我认为“满分”的作文，与你共享。

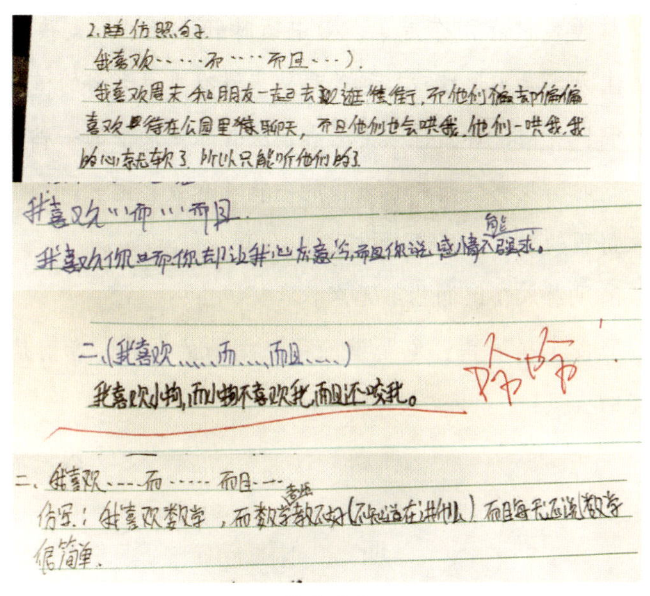
2. 仿照句子.
我喜欢……而……而且……).
我喜欢周末和朋友一起去逛街，而他们偏偏喜欢待在公园里聊天，而且他们也会哄我，他们一哄我，我的心就软了，所以只能听他们的了.

我喜欢……而……而且.
我喜欢你，而你却让我心灰意冷，而且你说感情不能强求。

二.(我喜欢……而……而且……)
我喜欢小狗，而小狗不喜欢我，而且还咬我。

二、我喜欢……而……而且……
仿写：我喜欢数学，而数学老师教不好（不知道在讲什么）而且每天还说数学很简单.

学生造句

春　　雨

雨是最寻常的，一下就是两三天。一年四季我最喜欢春雨，因为春雨是非常凉爽的。在我看来，那些烦恼琐碎之事一遇“春雨”，便通通都冲走了。

春雨是春天的雨。在春天，天气暖和起来，偶尔下雨也不会着凉感冒，但在秋天呢，冻得瑟瑟发抖。

记得有一次考试，我在做语文试题的时候小睡了片刻，导致语文成绩非常糟糕，那天晚上我心里乱糟糟的，怪自己，知道自己做错了。那晚外面雨下得很大，我一个人在操场接受春雨的“冲洗”，边哭边思考。雨越下越大，越下越猛，我心中的烦恼慢慢被春雨夺走了，心中顿时舒畅极了，像孩子在海边沙滩上无忧无虑地嬉戏，尽管我从来没有见过大海的模样。

啊！春雨，你是让人开心和消失掉心中烦恼的一种良药！

这时，我突然想起了杜甫的一首《春夜喜雨》。

好雨知时节，当春乃发生。

随风潜入夜，润物细无声。

我爱上了春雨，它是消除一切烦恼的良药，春雨是我心中万能的宝贝！

文 / 次仁桑珠

听　　雨

春节到了，春寒也接踵而至。雨渐渐飘落起来了，点点滴滴，淋淋漓漓，迷迷蒙蒙，淅淅沥沥。天湿地潮，眼帘中全是一朵朵斑斓的小花，在涔涔的雨季里穿行。

记忆里的春节似乎没有天气晴朗的时候，雨会不知不觉洒落起来。漫天的淋淋漓漓，似乎没有一点重量，微风吹过，便斜斜地轻扬，给悄然复苏的万物笼罩上一层朦胧的轻纱。

小时候不喜欢下雨天，只要下雨我就不能去草地上玩“过家家”了。在那些阴冷的雨季里，我就依偎到妈妈怀里，玩妈妈的线团，度过那些让我讨厌的季节。现在想来，却是那些雨季让我感受到家的意义，感受到妈妈的温情。我竟要感谢那雨！

等我长大后，我爱上了听雨。只要不是狂风暴雨，雨声在听觉上是一种美感，疏雨滴梧桐也好，骤雨打荷叶也罢，韵律都清脆可听。尤其是敲在屋瓦上的古老的音乐，柔和而美感，叮叮咚咚，好像无数珍珠落在玉盘上，重重轻轻，细细密密，即兴演奏单调里的神韵，间间歇歇敲一个雨季。

文 / 次拉姆

再别校园

悄悄地我走了，
正如我悄悄地来；
我轻轻地挥手，
作为对往昔母校的告白。

那汗水的跑道，
是岁月中的青春；
记忆中的照片，
在回忆中往来。

操场上的欢呼声，
在我的耳边荡漾；
在校园的风景中，
我甘心，
愿做一棵永驻的小草。

文 / 益西旺姆

书　　籍

它是一种冷静可靠的朋友——

在沉寂的时候，使我们欢愉，远离痛苦，

它是人类心灵关于生活的记载。

它是——举世之宝，

是幼年人的导师，是老年人的护士。

独有它可医胸中俗气。

如果一个孤独的孩子，没有它的存在，

恐怕对世事会一无所成。

它和人一样，有生命的现象，

它是未来的纲领，

它，就是——书籍。

文 / 央金卓玛

雪与花儿

雪

空中雪花纷飞，心中泪水纷飞。

看着一对佳人，不禁仰望明月。

花　　儿

玫瑰高贵的身，像你一样不屈。

玫瑰爱的刺青，心里的伤痛啊。

雪　　花

雪是天空的信物，花是凡间的信物。

花与雪同表爱，你我不再远离。

文 / 江村

夜

月牙儿，
可是夜的嘴唇。
那，另一瓣呢？
正吻着梦中的人。

文 / 桑琼

成长因为有您

成长因为有您，
我才变得懂事，
从此，不再害怕。

成长因为有您，
我才变得坚强，
您，是我生命中一抹亮光，
从此照亮我的生活。

成长因为有您，
让我拥有了很多，
拥有坚强，安慰。

您是一根红蜡烛，
点亮了我心中那片黑暗，
让我变得如此舒服，
从此——不再害怕。
致——老师

文 / 扎西旺姆

无　　题

一半云飘于今日，
一半风吹向古时，
千载一悲，世世往往半是半非。
百年一叹，生涯常是半聚半散。

文 / 平措多杰

粉　　笔

无声无息地磨灭，
为了我们而奉献。
洁白而娇小的身躯，
为我们留下了知识的痕迹。

文 / 阿娘玛

石　头

我的脸上没有表情，
我没有脚，
是因为走完了；
我没有温度，
是因为没有人给予我热量。
但，我是永恒不变的。

在逝去的岁月里，
我走完人类所有的智慧，
全部都浸润在我的身体里。
回想起世人在我身上刻画的痕迹，
我很疼，很疼。

小雨点敲打在我身上，
无情地敲打在我身上，
我在无情中似乎找到一丝属于我的温暖。

文 / 尼珠

给予我生命的那个人

你不是令我最快乐的人，
你也不是我心中最崇拜的人，
但是，你给予我生命，

你也给我的生命带来光明。

你叫作妈妈，
很唠叨，很烦，
有时我在想，
为什么上天会派你来做我的妈妈？
长大后，我知道了，
你愿意用一生来保护我，
像蚂蚁一样，
为我的一生而操劳。

你用你的生命来照亮我，
点燃光明，给我指明方向。
你不求任何回报，无条件对我那么好。
我可真是幸运极了，
谢谢你，愿意做我的妈妈。

文 / 强巴卓嘎

我生命里的它

生命是一首动听的乐曲，
有着美妙的旋律；
生命是一幅宏伟的江山图，
起伏着人生的成功。

人生很精彩，也很动听，
但是因为生命中出现了它，
我才觉得人生如此有意义。
匆匆三年，我的青春三年，
我想念那儿的团结园，
想念那儿的清晨，
想念微风吹过柳枝，吹过我的书页，
想念一起的奔放、热情，
还有那段抹不去的青春记忆。
当微风吹过我的脸颊，
我不由想起我生命里忘却不了的它。
——致我的初中母校。

文／拉姆

思　念

看着窗外的美景，
熙熙攘攘的小巷，
小树依偎在大树旁边，
湖边的杨柳树婀娜多姿。

听着琅琅读书声，
踏进了陌生的校园，

遇见未知的你，
并与你相识相知，
不禁想起依稀往事。

如今，
我在这里，你却在那里，
但我依然相信惺惺相惜，
思念，涌上心头。

文／平措卓嘎

杂诗随笔

无　　题

旧时课桌椅，匆匆写下此诗句。
如翱翔的雄鹰，一去不复返。

情

今日芙蓉花，明日断肠草。
以色示人者，能有几时好？

四　　季

你是初春的使者，带走冰天和雪地；
你是炎夏的代表，带走鸟语和花香；
你是落寞的秋天，带走汗水和烈日；
你是冬季的雪人，带走辛劳和硕果。

故　乡

秋叶无情地掉落，带不走欢声笑语。
春日和煦的微风，吹不走满头大汗。
夏日炎炎的烈日，晒不干一池清水。
冬日皑皑的白雪，挡不住美好心灵。
故乡的原始森林，郁郁葱葱一片绿。
这山这水终难忘，这人这情不敢忘。

文 / 德吉卓嘎（小）

11　工布新年

工布新年，也被称为“工布节”“工布年”，是西藏工布地区（林芝市巴宜区、米林县、工布江达县一带）的藏历新年，时间为每年藏历十月一日，是当地一年中最隆重的节日。工布节期间，将开展赶鬼、请狗赴宴、吃“结达”、背水、祭丰收女神等活动。

听藏族老师说起工布新年的由来：

相传700多年前的吐蕃时期的某年秋季，工布地区受到了北方霍尔人的攻击。工布王阿吉杰布急召工布男子出征迎敌。但族中男子都有些恋恋不舍，不愿离家。于是工布王下令，将过年的日子提前到十月一日。工布男子在美美地过完年之后，果然勇猛无比，一举击退敌人。自此之后，每年的藏历十月一日便成为工布地区人民喜庆的盛大节日——工布节。

另外一种说法是：传说很早以前，有支外地军队入侵西藏，当

学生为孟老师唱祝酒歌

地人无力抵抗，只好向各地求援。工布人民为了保卫祖国和家乡，组成了一支爱国军队前去支援。他们踏上征程之时，正值九月，将士们惋惜不能喝上过年的青稞酒，不能吃上过年的点心，也没有烤上过年的青松火，工布人民便把藏历新年提前到十月一日来过。为了纪念当年英勇应征的将士，每年的十月一日，工布人民都要献上三牲为将士们守夜，久而久之，十月一日过工布年的习俗便形成了。工布年与藏历新年相比，有着较强的林芝地区特色。

入乡随俗，我也不例外。新年这一天刚到校园里，就已经感受到浓浓的节日氛围。学校组织所有援藏教师在教学楼前，让我们感受纯正的工布百姓拜年氛围。

瞧！身着节日盛装的藏族学生们早已准备就绪。孩子们有的捧着洁白的哈达，有的手持银樽，最为醒目的是一个帅气十足的小伙端着一个斗状的物品，从中间隔断，一边装有拌好的酥油糌粑，另一边

学生为孟婷老师献哈达

装满小麦，这是藏族一种象征吉祥的物品——切玛。我走到切玛盒前，用拇指和食指捏少量炒麦粒、糌粑，向空中连抛三次，然后送入嘴中，跟拜年的学生说一声“扎西德勒”，以此表示恭贺新年。

孩子们跟我们支教老师抱团在一起，带来家里最好吃的藏族特产，让我们深深地感受到工布新年的喜悦。这一天很多藏族朋友也发了朋友圈，他们将糌粑、青稞酒、酥油等贡品摆上，点燃香火，祭丰收女神，以此来祈祷来年庄稼丰收。还有的开展射响箭、摔跤、抱石头、跳锅庄舞等各种活动，在快乐的新年尽情欢歌共舞。

《无性别的神》　作者：央珍

念念不忘，终成绝唱。央珍是我为数不多敬佩的藏族女作家之一，她是拉萨城里走出的天才女作家，18 岁考上北京大学中文系，是改革开放以后第一个考上北京大学的藏族学生。在去西藏之前，我脑海中的旧西藏面貌大概是高中历史书上教过的“农奴时代”，但偶然读过此书，才看到不一样的解读，她把客观真实的西藏讲给读者听，如此独特细腻的女性思维是常人所难达到的。这本书也被誉为“西藏文学的里程碑”。更可贵，这本书和我同年问世。

12　当地震来临

2017 年 11 月 18 日，这一天是林芝百姓一年一度的工布新年大年三十，一场突如其来的地震，给这个在西藏最早迎来新年的地方笼罩上了一层阴影。

早上 6 点多，还在睡梦中的我被房子轰隆隆的响声惊醒，只听外面传来嘈杂的喊叫声：地震了！地震了！地震了！对于地震我毫无经验，当时心里充斥着紧张和恐惧，唯一在脑海闪过的就是我的学生们怎样了？

第一时间，中国地震台网发布了确切消息：11 月 18 日 6 时 34 分在西藏林芝市米林县（北纬 29.75 度，东经 95.02 度）发生 6.9 级地震，震源深度 10 千米。

6.9 级，什么概念？1976 年河北唐山 7.8 级地震，伤亡人数 24 万余人；2008 年四川汶川 8 级地震，伤亡人数 10 万余人；2010 年青海玉树 7.1 级地震，伤亡人数 2000 余人；2017 年四川九寨沟 7 级地震，伤亡人数百余人。

我披着被子快速跑出教师公寓，刚出来就听到学生宿舍传来喊声，我们研支团所有成员迅速转向学生宿舍。作为代课老师，孩子们是我放不下的羁绊。当我们和校领导、带班老师第一时间把学生疏散到操场后，心绪才稍有平静。事后有人问我：当时心里有害怕过吗？怎么可能没有，但我们更是志愿者，时刻不能忘记肩上的责任。

当我清闲下来拿起手机时，接连不断的问候和电话让我的心彻底平静，看到学校领导和亲朋好友的来电心里特别温暖。

接过妈妈的电话，明显能听到抽泣声，妈妈在电话那头着急坏了：“孩子，你快回来吧，你要是出点什么事，可让我们怎么活下去！”这一刻，远在西藏的我内心被重重一击。挂了电话，看着灰头土脸的自己，我由衷地笑了。24 岁的我在父母眼里还是长不大的小姑娘，24 岁的自己现在已经是孩子们在学校的家长了。

回头想到刚刚的情形，彻头彻尾地害怕，寒冷、孤独都不足以形容当时的心情。好在，一切安好！看着操场上孩子们一个个胆战心惊的样子，我想一个个去拥抱他们，给予温暖和力量。

一年的支教经历让我们研支团队伍体验了不一样的人生，收获了丰富的阅历。同时，作为研究生支教团一员是一份特殊的政治荣誉，每一个成员都会珍惜这份光荣的使命。

值得庆幸的是，这场 6.9 级的地震并没有造成较大的人员伤亡，林芝依然安好，家家户户照旧弥漫着喜庆的气氛，处处可见热闹的场面。

《陪我到可可西里去看海》　演唱：大冰

说来也巧，在拉萨街头居然偶遇大冰，擦肩而过，耳机里正放着他的这首歌。可可西里，中国四大无人区之一，海拔在5000米以上，闻名全国却鲜少人踏足这片土地。大冰在一次电视访谈中提到过："一次进藏途中遭遇泥石流，食指和中指折断了，差一点就滚下悬崖。手指折断后，我自己咬牙给接上了，再找到医院固定。现在也不方便开车，这样也好，少了笔开销。"也许，只有经历过岁月蹉跎的人，才能唱出这样有质感、有故事、有情怀的歌吧！

13　有一种信念叫牦牛精神

在世界被称作"地球村"的时代，西藏仍神秘得令人向往。

一日，在校园的阳光房里，和先明次仁老师闲聊，听他讲起拉萨的牦牛博物馆：这位馆长非常了不起，身无分文，仅凭一份热爱，四处游说，奇迹般地建成了牦牛博物馆。这才是真正热爱藏文化的人。

先明次仁老师轻轻地说着，我却被他的话语深深地吸引着，内心波澜起伏。瞬间想到自己：我也是怀着一腔热情奔赴西藏的，在最青春的岁月、最敢想敢闯的年龄。我来了，怀着在西藏遇到点儿什么、留下点儿什么的心情，来到了西藏。但我能为西藏做点什么呢？

他推荐给我一本书——《最牦牛》，里面详细记载了西藏牦牛博物馆的建馆历程。我即刻就想拜读，借着最理智的冲动，一秒也不耽搁，在网上拍下。

吴雨初，建馆者，馆长，也是《最牦牛》的作者，年轻时有"援藏情结"。建馆之前，他已是北京出版集团的董事长。

他身上有一种浓浓的牦牛味道——"牦牛精神"——憨厚、忠诚、悲悯、坚韧、勇悍、尽命。他自1976年大学毕业起便加入了援藏队伍，在西藏一待就是16年，把自己的生命毫无保留地融入这片高原，融入藏族人民的生活与文化中，对西藏有着深厚的感情。因工作调动，他回到了北京打拼，即将退休，却越来越不安分，人在北京，心却在梦中回到他的第二故乡——西藏。

在梦中，真的是在梦中。梦中，“牦牛”与“博物馆”两个词魔幻般地拼接在一起，将他惊醒，从现实中惊醒，从浮华中惊醒，从出走半生仍在彷徨的苦闷中惊醒。他毅然辞掉北京的工作，再次以援藏干部身份重返阔别20年的西藏，决心做一个名副其实的“老西藏”。年少播梦，中年游梦，老年收梦，他对这片土地爱得深沉，归来仍是少年。

“没有牦牛就没有西藏。”他说。

要为牦牛建一个博物馆——他做。

世界牦牛总数为1700万头，中国牦牛占其中的90%以上，分布在青、藏、川、滇、疆等6个省、自治区。中国牦牛共有13个品种，它们大多生活在海拔3000米以上区域，在海拔4000米以上更为集中。

欲建成牦牛博物馆，绝非易事。他几乎一无所有，只凭一腔热血，一个创意，一个显示在PPT上的大概方向。项目、资金、馆址、人员、素材、专业知识……他以牦牛精神为信念，带着PPT到处游说、争取。当一个人为一项有意义的事、为自己的天命而奔波的时候，全宇宙都会暗中来相助。他得到了北京市援藏计划的支持，他的创意被纳入援藏规划的项目中。

有了后盾和支持，具体事务还需亲自操办。

西藏牦牛博物馆

已过知天命的年龄，在内地尚堪称壮年，而在高寒缺氧的西藏，对一个内地人来说，这已算高龄，有很大风险。他仍不以为意，召集了一些志愿者，和他们在高寒牧区住了很长一段时间，进行长距离的野地调查，以获得直观印象。

在这段时间，他们走进牧区百姓家做客，在藏北草原和牛羊嬉戏，一起探究《中国牦牛学》……就这样，吴雨初带领着一帮志愿者日夜奔波，走过无数和牦牛有关的地方，一旦有发现就停下脚步细细研究，不容马虎。他们的追寻牦牛之旅，是艰苦的，也是快乐的。前后近两个月，总行程 1.2 万千米，走遍了 4 个省区的 47 个县，每天沉浸在高原壮美的风光之中，沉浸在完成伟大事业的憧憬之中。路途漫漫，惊险频仍，而一路的雪山草原和梦幻般的云彩是他们的慰藉，激荡在胸中的伟大壮举和实现希望的迫近让他们喜悦，他们忘记了自己是在工作，他们已经是一头头坚强的雪域牦牛。

我深深地被这个故事、被这种精神吸引了。如果五年前我也在这里，我会义无反顾地跑去当一名志愿者，去亲耳聆听“老西藏”讲他们的故事，去参与到这件有着重大历史意义的事件中去。然而我不在，我为之心动，却并无遗憾，我要继续寻找。这里，定会有一个适合我的题材在等待，我已触摸到了这丝丝的神脉，已汲取了牦牛精神，播下了种子，树立了信念。

信念会支撑你，会吸引无数的志同道合者，会帮你排除万难，会助你水到渠成。象征着牦牛精神的牦牛博物馆终会诞生。

多识仁波切，青铜牦牛的发现者，他也是西北民族大学博士生导师。在他的口中，牦牛是藏族的象征，牦牛对藏族的恩惠数不尽，牦牛的文化意义更是道不完，他对牦牛博物馆建成评价如下：

“牦牛是藏民族特有的一种家畜，与藏民族的文化、生活习俗、地理位置有密切的联系，将其纳入藏族历史文化范围之内进行研究，具有非常高的价值。因此此项工作值得肯定和欣慰。”

西藏牦牛博物馆

孟婷在西藏牦牛博物馆

值得肯定，值得欣慰，值得颂扬。牦牛精神永存，牦牛精神的传承者永存。

书中提到一处，那就是从中国牦牛的分布而言，青海有 400 多万头牦牛，而西藏只有 300 多万头。为什么不在青海建牦牛博物馆呢？

我想，因为吴雨初的根在西藏。人常说叶落归根，西藏有他不可磨灭的情结，57 岁高龄放弃大城市的养老生活，放弃自己的权贵生涯，选择回到曾经奋斗过 16 年的西藏。于他而言，这里就是他的根，虽不是生他养他的沃土，却也是他挥洒热血的地方，是一生中最不可磨灭的地方。

记得自己初见牦牛，是在 7 月份进藏的火车上。在可可西里和那曲之间，透过火车玻璃窗可以看到远处山坡上数头牦牛在吃草，缓缓走动的牦牛为高原增添了一丝活力。那些牦牛在我看来似乎与天地融为一体，摇着长长鬃毛的尾巴，心无旁骛地吃草，显得格外悠闲自得。来西藏，我和牦牛有同样的想法，也愿意在这里心平气和地“耕种”，与世无争，静静体会那所谓的“牦牛精神”。

西藏牦牛博物馆建成了，憨厚、忠诚、悲悯、坚韧、勇悍、尽命也成为该博物馆的建馆理念。吴雨初和他的团队将在未来的漫漫长路上，继续秉承高原牦牛文化精神，肩负起保存牦牛文化物证、传播牦牛文化知识的使命。

在支教结束前，我去过一次牦牛博物馆，那里的陈设至今让我震撼，愿更多的人去爱藏民族，去识藏文化。我也必将做一名藏文化传播者，让更多的人从心底爱上西藏。

（本文发表于中国青年网、中国西藏网 2018 年 1 月）

《最牦牛》　作者：吴雨初

吴老身上有我欣赏的“牦牛精神”——憨厚、忠诚、悲悯、坚韧、勇悍、尽命。大学毕业后他便加入了援藏队伍，在西藏一待就是 16 年，把自己的生命毫无保留地融入这片高原，对西藏有着深厚的感情。因工作调动，他回到了北京打拼，即将退休，却越来越不安分，人在北京，心却在梦中回到他的第二故乡——西藏。人的青春只有一次，青春是用来奋斗的！我希望读过此书的人，能从吴老身上汲取一些力量，也推荐到西藏、到你想去的任何地方走一走，看一看，或许它能带给你前行的力量。

纪录片《牛粪》　导演：兰则

提起牛粪，你一定会说：“好脏啊！好臭啊！”那是因为你没有在藏族生活过。电影中扎加一家人捡牛粪的画面频繁出现，也勾起观者的好奇心。没有牦牛就没有藏族，这是我在西藏牦牛博物馆看到的一句话。据我所知，牛粪可以用来筑墙、做火种、修复炉灶、做牛鞍、防狗病，等等。在藏族人心中，牛粪就是他们的灵魂，它干净，它实用，它体现了藏族的原生态，从这部影片里你可以走“近”他们的生活。

14 翻身吧，农奴

1959 年 3 月 28 日，中央政府宣布解散西藏地方政府，由西藏自治区筹备委员会行使西藏地方政府职权，领导西藏各族人民一边平叛一边进行民主改革，百万农奴翻身获得解放。

在 3·28 农奴解放纪念日来临之际，为庆祝西藏百万农奴解放 59 周年，我作为编剧兼导演为林芝市第二高级中学编排话剧《翻身吧，农奴》。该话剧根据西藏百位老人口述史中的林芝百姓阿旺金巴的真实事迹改编，讲述了阿旺金巴老人从旧西藏到社会主义新西藏这一路走来，解放军对他的恩情和帮助。阿旺金巴老人的孙女就读于林芝二

话剧演出剧照

高高三年级。话剧赢得林芝市教育系统专业人士广泛好评，2019 年 4 月荣获由中华人民共和国教育部主办的全国第六届中小学生艺术展演活动艺术表演类中学组三等奖。

【剧本】

人物角色：

老阿旺金巴；少年阿旺金巴；解放军护士；农奴：1 个老人、2 个中年男子、3 个青年；奴隶主：旺杰；奴隶主手下 3 人，女佣 3 人（其中 1 名女佣是阿旺金巴母亲）；解放军 4 男 4 女；舞蹈演员（《洗衣歌》各民族舞蹈演员）。

道具：

农奴旧衣服、奴隶主华丽衣服、奴隶主手下和女佣衣服、解放军和女兵衣服、护士医药箱、刑架、鞭子、背篓、柴火、拐杖、奴隶主藏式沙发、解放军背囊、农奴新衣服、喂马道具、各民族舞蹈服饰等。

［第一幕］

（音乐《命运悲歌》响起）一位老人坐在舞台的一侧，花白的头发，穿着传统的藏族服饰，摇着转经筒。

【老阿旺金巴配音：我的名字叫阿旺金巴，在我们那个年代，普通老百姓没有任何权利，奴隶主骑在我们头上作威作福。而我们呢？给他们当牛做马！提意见？下场只有一个，那就是打。只要蓝天还在，雪山还在，差巴永远就是差巴。我从来没有想过，现在的孩子可以不用担心柴火砍得够不够，不用担心家里粮食不够了还得去偷，现在的孩子可以去上学，学文化、学本领，去接受教育，真是羡慕啊！我，我永远也忘不了在我9岁那年……】

［第二幕］

（音乐同上）一群农奴（1个老人、2个中年男子、3个青年和9岁的阿旺金巴）背着刚从山上砍到的柴火下山，衣衫褴褛，破旧不堪。阿旺金巴冷得晕倒在地，但人们知道这要耽误送柴火的时间，惊慌失措。

【旁白：从9岁起，阿旺金巴就开始跟着大家一起干活，劈柴砍柴背柴火，干活并没有因为年龄小就降低标准，而是一视同仁，更是要求同质同量。这一天，山上寒风呼啸，冬天的寒风像一把刀，钻进人的每一个细胞里，冷得发痛。阿旺金巴毕竟是个孩子，整天没能吃上一顿饭，体力耗尽倒在山上，休息好一阵子才缓过来。】

到了主人家门口，农奴们都很害怕，送柴火的时间迟了一定会受到惩罚。大家你看看我，我看看你，一脸惊慌失措的样子走进主人家院子，被地主的手下押进了大厅。

此刻的奴隶主旺杰穿着华丽的衣服，慵懒地躺在长椅上，身边的女佣为他端茶、捶背。

【旁白：在扎木镇，有个奴隶主名叫旺杰，阿旺金巴和他随同的农奴都是他家的奴隶。阿旺金巴的母亲也是地主家的女佣。他们送柴时间晚了，即将迎来的是一顿劈头盖脸的暴打。】

旺杰怒不可遏，目露凶光，咬牙切齿地说："为什么回来这么晚？不是让你们天黑之前送回来吗？"

中年男子[焦虑地，身体前倾，表示谦卑]低声下气地答道："主人，对不起，主人，对不起，回来的路上有个孩子晕倒了，这孩子一天没吃饭了，背那么重的柴火，肯定吃不消。"

旺杰迈着悠闲的步子，面目狰狞地走到阿旺金巴面前，一把拽住阿旺金巴的头发，说："吃不消？你叫什么名字？"

阿旺金巴低头跪着，在旺杰拽头发时，随着抬头，面露泪光，表现害怕，小声嗫嚅，带着哭腔说："我叫阿旺金巴，主人，是我不好，我错了，求您放过我们吧，求求您了，求求您了……"

旺杰松开头发，嫌弃似的拍了拍手，说："除了这个小孩，其余人自己掌脸100下。"

在一旁站着的母亲一脸惶恐，想去抱住儿子，又怕主人知道后会变本加厉，她忍着。

旺杰得意地看着农奴们掌脸，口中发出"嗯——"的声音，接着恶狠狠地说："来人，把这个小孩绑到刑架上！"

主人的手下把刑架抬上来，把小孩绑上去，听候发落。

支教老师吴稼葆为话剧演员化妆

米玛次仁副校长在演出现场为演员指导

旺杰说：“好久没有听到嘶喊声了，耳朵痒痒了，拿鞭子，打！像抽牦牛一样抽他！”

阿旺金巴接受鞭子的抽打，刚开始鼻腔中发出忍耐的声音，到后来实在忍不住了，大喊出来：“主人，我错了，主人，我错了，救命啊，救命啊……”

这时，阿旺金巴的母亲站出来，跪在地上不住地磕头：“主人，阿旺是我的孩子，孩子还小，实在受不了这种惩罚，求您放过他吧！他太小了，真的太小了，看着佛祖的分上，求您饶过他吧！”

旺杰假装没听到，扭过头去听着嘶喊声哈哈大笑。母亲冲过去救儿子，被手下拦住，儿子就在母亲面前嘶喊，母亲像疯了一样挣扎，旁边的农奴们都跪在地上求饶，旺杰无动于衷。

阿旺金巴嘶喊到嗓子哑，挺不过去晕倒了，这时旺杰才放话把他放下来，起身去进晚餐了。母亲抱着儿子痛哭。（独舞《无间道》插曲）

农奴们见主人一走，恨不得立马离开这个地方。

【旁白：阿旺金巴被打得遍体鳞伤，而母亲只能在身边守护。在旧西藏，三大领主的《法典》中规定：“凡仆人反抗主人，而主人受伤较重的，要砍掉仆人手和脚；如果主人打伤仆人，随便医治即可。”对于生活在那个时期的人们来说，不平等、

没有人性化的规定犹如一把尖刀戳进他们的心底，前方的路一片漆黑。就在这个时候，希望来了。】

［第三幕］

阿旺金巴疼得要命，母亲束手无策。就在这个时候，解放军十八集团军南线进藏，远处跑来一名解放军护士，看到母子这一幕，赶紧摘下背包，为阿旺金巴医治。

母亲有点惊疑，紧紧搂着儿子，问："你是干什么的？"

护士："阿妈啦，我是一名解放军护士，正好路过这里，孩子受伤太严重了，我帮他包扎处理一下吧。"

母亲看着儿子疼得发抖，只好相信护士。护士包扎完，把帽子摘下来戴在阿旺金巴头上，说："会好起来的，别怕！"于是去追大部队了。

母亲见护士是好人，并无恶意，起身大声喊："金珠玛米，谢谢您（藏语）！"母亲看着阿旺金巴头上的解放军帽，上面闪着五角星，下定决心要去找解放军。

【旁白：1951 年，解放军十八集团军进军西藏。解放军这一来，给这里的农奴们带来一件改变他们命运的礼物。阿旺金巴和母亲以

支教老师为演员准备服饰

孟婷与扎西卓玛老师合影

孟婷与歌手旺堆彭措合影

前从来没有见过解放军，想去看，又不敢接近，于是下山喊上众多农奴壮着胆子前去解放军驻地。】

母亲和阿旺金巴带着众多农奴百姓去驻地，母亲跟大伙儿说：“父老乡亲们，金珠玛米救了我的孩子，他们是好人，大家伙从来没有见过金珠玛米长什么样子，这次去驻地一是看看金珠玛米长什么样，二是跟他们说说我们的处境，说不定他们能帮咱们！”大家伙听了都十分兴奋，冲上解放军驻地。

解放军看有藏民进入驻地，立马拦了下来，问：“你们是什么人？”

阿旺金巴的母亲冲上前去说：“我们是附近的村民，你们金珠玛米救了我的孩子，你们是好人，我们过来看看有没有什么能帮得上忙的。”

解放军驻地里几名女兵看到这些可怜的农奴穿着单薄的衣服，冻得要命，立马去储物棚里拿了些衣物给他们穿上，然后听他们讲这些年发生的故事……

农奴A：“我的父亲支差走了，白天给主人背柴火，晚上随便捡块木头来当枕头，没有被褥，白天穿的就是晚上盖的。”

农奴B：“在主人家，如果没有干好活，就用鞭子抽，鞭子有皮鞭、马鞭和铁鞭三种，打的时候会用脚链将我们锁起来，严重时连牙齿都会打掉。”

农奴C：“还有，如果犯严重错误的话，会剁脚、割耳朵、割舌头、挖眼睛，我们村子里就有好多人受刑变成了瘸子、哑巴、瞎子。”

解放军A握住老人们的手，含着哭腔坚定地说：“阿爸啦，别说了别说了，太残忍了，这还是人吗！你们放心，我们一定帮你们，请你们相信解放军，相信共产党。”

随后，农奴们回到村子里，解放军在驻地想办法。

【旁白：军民鱼水情，纵使解放军有办法，但这个时候还没有民主改革，解放军对农奴主的恶行还不能完全阻止，即便是农奴主打骂农奴也无权干涉。解放军这一待就是八年，金珠玛米在的日子，农奴们每天都会去驻地喂马，让他们没想到的是喂马后还给他们工资。接下来的日子，农奴们跟着解放军一起搬运物资，翻雪山过草地，同甘共苦。】

一天，大家听到村里的广播，西藏和平解放。（广播：1959 年 3 月，达赖集团发动武装叛乱，驻西藏部队迅速平叛。3 月 28 日，解散原西藏地方政府，废除农奴制度，西藏百万农奴翻身当家做主。）

老百姓高兴地跳起来，金珠玛米也高兴地和藏族老百姓们载歌载舞。（舞蹈音乐《洗衣歌》、解放军举着国旗挥动）

【旁白：日子一晃八年过去了，民主改革的春风吹遍了整个高原。1959 年 3 月 28 日，对历史来说不过是短暂的一天，对西藏而言，却是一个新旧社会的分水岭。千百年来被当作“会说话的牛马”的农奴，第一次成为真正意义上的“人”，成为自己命运和西藏社会的主人。】

［第四幕］

藏族姑娘和农奴孩子们每人举着一本《西藏百万翻身农奴口述史》在朗读，79 岁的阿旺金巴老人在一旁欣慰地看着这些幸福的孩子。这时旁白带着阿旺金巴老人的孙女从幕后走出（背景屏幕播放老人视频，配乐《雪儿达娃》），拿起话筒，说：

“从旧西藏到社会主义新西藏，这一路走来，阿旺金巴老人生活艰辛却心怀感激。剧中提到的阿旺金巴老人正是西藏百万翻身农奴中的一员。今年，阿旺金巴老人已经年近八旬，他就生活在我们身边，他就在林芝市波密县扎木村。虽然老人不善言辞，可是看得出老人心中对解放军是满满的感激之情。从吃不饱穿不暖到今天的衣食无忧，从不识字的文盲到今天的接受义务教

话剧宣传广告，扫码可听广播剧《翻身吧，农奴》　制作：孟婷

育，解放军和中国共产党的恩情就像太阳一样普照着雪域大地。历史的车轮缓缓向前走过，如今的西藏日新月异、美丽繁荣，各族儿女就像石榴籽一样紧紧地抱在一起，幸福的日子就像格桑花一样开遍了青藏高原，也开在西藏300多万各族儿女的心中。习近平总书记说：‘一个没有历史记忆的国家，是没有前途的。一个没有历史记忆的民族，也是没有前途的。’历史真相不容抹杀，苦难日子必须铭记。林芝二高谨以此剧，纪念西藏百万农奴解放59周年。全体演员谢幕。”

15　小主持人课开讲啦

第二学期的一天，学校工会老师找到我说，在西藏地区很少有训练口才的地方，想让我利用课余时间为教职工子女教授一下主持课，因为我曾经的专业是主持。于是，在校工会积极组织下，选在周末由我为林芝二高教职工子女进行“小主持人口语”培训，受益儿童28名，10名藏族孩子和18名汉族孩子。

小学生在练习稿件

由于孩子们的学习时间只有一个学期，所以我的课时内容分为两部分：普通话矫正和即兴说话。授课过程中，先矫正孩子们的普通话发音，把所学

孟婷老师与学生合影

拼音读标准，训练一些绕口令和字词；然后，在发音基础上训练孩子们的看图说话能力及即兴语言表达能力。

都说西藏普通话说得最好的就是孩子了，他们生活在新时代。所以教这帮孩子也不是很费功夫，但是用心一定少不了。

有人很好奇，我们课上都学什么呢?

第一，公众表达。

课堂上会培养每个小朋友的公众表达能力。比如在朗诵、演讲、主持等方面，针对站姿、手势、眼神和表情进行系统训练，让小朋友在当众表达时自信、大方。

第二，提高知识储备。

我会把《三字经》《弟子规》和《千字文》这样的内容教给他们，锻炼他们的记忆能力，也能提高他们临场发挥能力。

第三，口脑风暴。

锻炼唇、齿、舌相互配合的技巧，练得口齿清晰，结合口部操训练，使发音更准确、到位。

第四，即兴演讲。

通过看图说话、即兴演讲等综合训练，开拓小朋友们灵活的思维方式。

七八岁的孩子正是学说话的年龄，及时矫正发音和进行流畅的口语表达是很重要的。虽然时间不长，但以孩子们对其的了解和熟悉，在未来学习语文和口语交际能力上，都会有所帮助的。

语言学习其实是一个慢过程的积累学习，成长路上任何阶段都离不开语言，从小培养的是语言习惯、思维方式，伴随知识的增长，逐渐会有更为准确的表达。

【附小主持人课堂学生信件】[1]

祝老师身体健康，开开心心，快快乐乐，平平安安！

林芝二高教职工子女　次仁央宗

孟婷老师，我觉得您给我们教朗诵教得很好，我非常喜欢您给我教朗诵，希望下次您还会给我们教书。

我以后会一直练习朗诵的，会越来越好的，感谢老师！

林芝二高教职工子女　董子婕

孟婷老师，我觉的您给我们教朗读教的很好，我非常喜欢您给我们教朗诵，希望下次您还会给我们教书。

我以后会一直练习朗诵的，会越来越好的。感谢老师。

—董子婕

① 原文个别部分有做编辑修改。

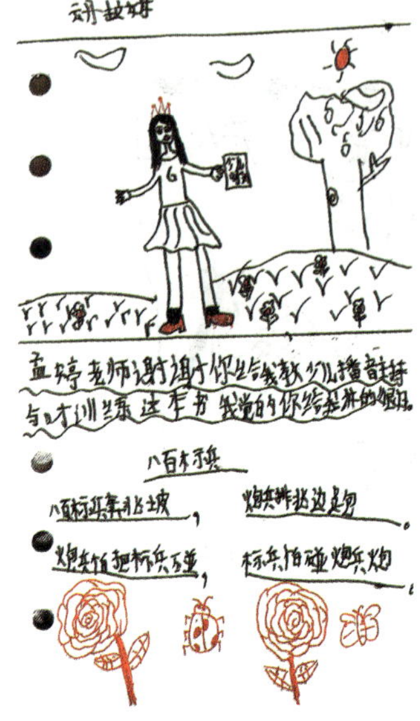

孟婷老师，谢谢你给我教《少儿播音主持与口才训练》这本书，我觉得你讲得很好！我还学会八百标兵绕口令：八百标兵奔北坡，炮兵并排北边跑，炮兵怕把标兵碰，标兵怕碰炮兵炮。

林芝二高教职工子女　云丹拉姆

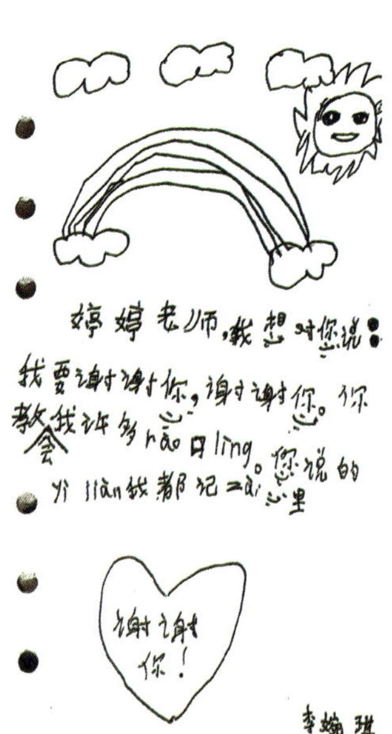

婷婷老师，我想对您说：

我要谢谢您，谢谢您。您教会我许多绕口令，您说的一切我都记在心里。谢谢您！

林芝二高教职工子女　李婉琪

16　志愿者的“狂欢夜”

不知不觉，我在林芝支教已近一年，在这片热土上，除了支教本职工作，“主持”和“配音”的活儿也没少干。而今天，是我在林芝最后一次拿起话筒，走向舞台，完成我在西藏的最后一次主持任务——志愿者晚会。

孟婷担任西部计划志愿者欢送晚会主持人

说实话，手握话筒，穿一身藏装，自己都觉着自己是一个纯粹的藏族姑娘了。这一年，主持了无数场活动，和志愿者、和藏族主持人等搭档配合默契，让我更舍不得离开这里。为了这一晚，和中山大学几位研支团的志愿者，一起策划了好些日子，只盼把最好的自己留在这里。

那一晚，大宝告诉我她想为我们兄弟姐妹唱一首歌，托我做个视频现场播放，我毫不犹豫答应了。我整理了这一年的素材，讲课、生活、旅游、做饭等。做视频的日子里，我静静回忆这一年做过的事情，看着往日大家在一起生活的点滴，心也会不由自主变得柔软，不舍结束，多想时间就停留在那个时刻。

那一晚，志愿者们你看看我，我看看你，似乎是一夜属于蓝精灵的狂欢，大家携手并肩，没有畏惧，没有寂寞，有的是无限勇气和激情。那一夜之后，也意味着大家都会纷纷离岗，回到原来的地方。

想想这一年，身边很多朋友都往大城市跑，而我选择逆流而上。我很清楚自己想要什么、在做什么，因为在我的梦想清单上，这里一直占着最重要的一席之地。很多人会因为我在西藏支教夸奖我、赞许我，我常常会感到愧疚。跟长期奋战在青藏高原的人相比较，跟祖祖辈辈守护在这片土地上的人相比，我所做的微不足道，只是在众多援藏队伍里出一份力、献一份爱，足矣。

用一年不长的时间，做一件终生难忘的事情。选择成为一名西部计划志愿者、研究生支教团中的一员，注定将拥有一段与众不同的人生经历。一年的支教经历会让研支团志愿者们感受不一样的人生，收获不一样的阅历。同时，“研究生支教团”这个称号更是一份特殊的政治荣誉。我希望每一个成员都能够珍视这份光荣的使命，在平凡

孟婷、吴稼葆与中山大学研支团成员同台主持

的岗位做最好的自己，方能担起这份重任，这也是临行前我最后的一点寄语吧。

那一晚，久久不能平静。

《给所有知道我名字的人》　演唱：赵传

志愿者晚会，大宝选择唱这首歌。当时我在台侧主持，听她唱竟瞬间有了热泪盈眶的冲动。唱罢，我们抱头痛哭。同样是唱给青春，唱给一起支教的你我，也许未来林芝二高不会记得 xx 曾在这里支教，但这里定会有一份属于我们的空气，因为我们早已把这里当作第二故乡，深深眷恋它。我们曾约定过，未来还要一起相约林芝，愿我们的梦永不落空，愿——也许有一天我老得不能唱也走不动的时候，我也将为你献上最真挚的笑容。

《逝年》　演唱：夏小虎

天下没有不散的宴席，纵使有千般万般不舍，终有一天会离开，有的因为未来不得不分开，有的因为命运不公而离开人世，所以我想珍惜，开心过好每一天。像歌曲里唱的那样："当初的人呐，你们如今在哪？是否也在找寻梦的家。"这首歌是一位藏族好友推荐我听的，他曾跟我说过："瞬间的惆怅和多虑，正如这个多变的时代，故事里的人笑着，看故事的人哭着，又如这不变的故事，看哭故事的人有故事。"我希望我们每一个人梦想的、期许的、渴望的，最终都能生根发芽，如我心盼。

孟婷担任语文老师时，与林芝二高高一（一）班学生合影

孟婷担任语文老师时，与林芝二高高一（二）班学生合影

孟婷担任政治老师时，与林芝二高高一（十）班学生合影

孟婷担任政治老师时，与林芝二高高一（十一）班学生合影

【附所教班级学生信件】[①]

最可亲的孟婷老师：

您好！

我很喜欢上您的课，不管是语文课还是二类课堂，总之您的课非常有趣，上课也从不会感到枯燥。您的每堂课我都会大有收获，不仅学到了课本上的、还学到了课外的有趣知识。我也不知道该说什么了，反正我很喜欢老师您，我会想您的。

于拉姆

最可亲的孟婷老师：

您好！

我很喜欢上您的课，不管是语文课还是第二课堂，总之您的课非常有趣，上课也从不会感到枯燥。您的每堂课我都会大有收获，不仅学到了课本上的内容，还学到了课外的有趣知识。我也不知道该说什么，反正我很喜欢老师您，我会想您的！

林芝二高原高一（四）班　拉姆

① 原文个别部分有做编辑修改。

有人说，师恩如山，因为高山巍巍，使
人崇敬，我还要说，师恩如海，因为大海
浩瀚，无法估量，您不仅是我的
语文老师还是我心中的好姐姐。
在这里我想叫您一声姐姐。♥
谢谢您为我们所做的一切
我很希望您永远是我们语文老师
但您要走了 我会想您的。♥
我代表所有同学向您致以我们永恒的
感激之情。和您在一起的那段时
光是我在高中语文中最开心的课。
不管您以后到了何处 请记得好
好照顾自己。I love you
最后祝您身体健康，万事如意，
心想事成 越长越美，虽然有些老套但
都是我的真心话。Don't forget me!
其美旺姆

有人说，师恩如山，因为高山巍巍，使人崇敬。我还要说，师恩如海，因为大海浩瀚，无法估量。您不仅是我的语文老师，还是我心中的好姐姐，在这里我想叫您一声姐姐。谢谢您为我们所做的一切。我希望您永远是我们的语文老师，但您要走了，我会想您的。我代表所有同学向您致以我们永恒的感激之情。和您在一起的那段时光是我在高中语文中最开心的课。不管您以后到了何处，请记得好好照顾自己。

最后祝您身体健康，万事如意，心想事成，越长越美！

林芝二高原高一（二）班　其美旺姆

老师感谢你带了这几个月的课.
虽然这段时间很短,但是留下
了很多美好的回忆.课上我故意
捣乱,现在想起来是一种美好.
谢谢您,老师.
我会永远记得您.
一路平安.

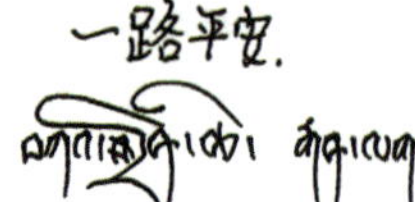

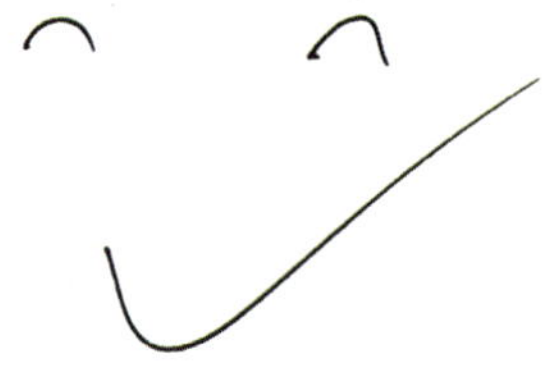

高一(2)班 仁青江措

老师，感谢您带了这几个月的课，虽然这段时间很短，但是留下了很多美好的回忆。课上我故意捣乱，现在想起来是一种美好。

谢谢您，老师！我会永远记得您。一路平安！

林芝二高原高一（二）班　仁青江措

感恩遇见，一切都是最好的安排，
很开心在这一年有你，每次都会给我们
看视频、听歌，这些最美好的回忆都
会留在我心中，记得，有次我不敢上台发
言，你就不停地鼓励我，说实话，那种
感觉挺好的，还会给我们一些小奖励，
只可惜，这一切这么快就过去了，希望你
在以后的日子里能开开心心，学业有成。
越长越漂亮哈！那我们有缘再见！

爱你哟♡

于：索朗央宗

感恩遇见，一切都是最好的安排，很开心在这一年有你，每次都会给我们看视频、听歌，这些最美好的回忆都会留在我心中。记得有一次我不敢上台发言，你就不停地鼓励我，说实话，那种感觉挺好的，还会给我们一些小奖励，只可惜，这一切这么快就过去了。希望你在以后的日子里能开开心心，学业有成，越长越漂亮！我们有缘再见！爱你哟！

林芝二高原高一（二）班　索朗央宗

感谢您在这
几个月的陪伴.

谢谢你

您的藏文名字.

感谢您在这几个月的陪伴，谢谢您！这是您的藏文名字——美朗！

林芝二高原高一（四）班　赤列曲培

虽然这一年的时光很短暂
但我很快乐、上个学期你也
也是我的语文老师、你对我
们说过我们是你带过的第一
届学生，我希望老师你能
一直这样带着微笑上课、
也许老师你的微笑是我们
最难以忘记的吧！
我在老师你带过学生中也是
带过久一点吧！在这一年里我
敬爱的老师（李长安、孟婷、
任美懿）遇见你们是一种
缘分吧！祝老师们身体健康
学业有成！

高一(3)(2)班 益西多才

虽然这一年的时光很短暂，但我很快乐。上个学期你也是我的语文老师，你对我们说过，我们是你带过的第一届学生，我希望老师你能一直这样带着微笑上课，也许老师你的微笑是我们最难以忘记的吧！我在老师带过的学生中算时间久一点的！在这一年里，我敬爱的老师（李长安、孟婷、任美懿），遇见你们是一种缘分吧，祝老师们身体健康，学业有成！

林芝二高原高一（二）班　益西多才

关山难越，谁悲失路之人；萍水相逢，尽是他乡之客。老师，谢谢你，让我看到不一样的语文课，让我对语文越来越感兴趣。也就是说，我从来语文都没有及格过，刚好你来了，才让我语文及格一次，谢谢你老师！其实你已经深深地刻在我们心里，希望老师越来越美，每天都快乐！

林芝二高原高一（二）班　多吉旺姆

（巴扎嘿！）

孟老师：

客套话不多说了，反正在我眼里你最可爱了。在你的课上，我可以天马行空，不用限制我的思想，你有邻家姐姐的风范，亲切又温柔。你从不会打骂我们，你会处处想着别人，老师说实话我不想叫你老师，我更想叫你一声“姐姐”，不知道可不可以呢？虽然我有时候会有点调皮，有点不听话，但是老师我真的没有不把你放在眼里。反正老师你最可爱了，老师以后我会去看你的，到时候可别让我背绕口令和文言文哦！

林芝二高原高一（二）班　次仁曲珍

自从老师您带了我们班的语文课之后，我的语文成绩提高了不少，您是我到二高以来第一位让我佩服的人，您好像从来都不会生气一样。好舍不得您，有缘再见！祝您身体健康，工作顺利，吉祥如意，扎西德勒！

林芝二高原高一（二）班　洛布次仁

老师，您好！

呵呵……格式有点不对，但依旧有很多话想跟你说。您是我高中以来最好的一个语文老师，因为您教的不仅是知识，还有很多很多的课外知识，我很喜欢听你的课。您在我心中是以女神的形象存在的，因为您不仅长得好看，而且永远是那么地开朗。老师记得照顾好自己，老师，爱笑的女孩儿运气不会太差，所以记得😊

祝你：身体健康，万事如意，扎西德勒么么哒

爱您的逗比：宗吉

老师，您好！

您是我高中以来最好的一位语文老师，因为您教的不仅是课堂知识，还有很多很多课外知识，我很喜欢听您的课。您在我心中是以女神的形象存在的，因为您不仅长得好看，而且永远是那么的开朗。老师，记得照顾好自己，老师，爱笑的女孩运气不会太差，所以记得微笑！祝您身体健康，万事如意，扎西德勒，么么哒！

林芝二高原高一（二）班　宗吉

感谢老师您，高一下个学其月担任
我们高一(二)班的语文老师，但是
老师您当了二个多月的老师，但是
老师您讲课认真，有时候生病了，还
坚持的来上课，很让我们感动.这
个学期快要结束了，老师您也快要走了.
我们很舍不得您. 我们永远都会
把您记在心里. 谢谢您！老师.

旺久次仁
高一(二)班

感谢老师您高一下学期担任我们班高一（二）班的语文老师，但是老师您只教了两个多月，但老师您讲课认真，有时候生病了还坚持来上课，很让我们感动。这个学期快要结束了，老师您也快要走了，我们很舍不得您。我们永远都会把您记在心里，谢谢您，老师！

林芝二高原高一（二）班　旺久次仁

老师，我以为您把我们给忘了，老师，您不带我们的时候，我语文成绩都没及格，老师您五月份走的时候，真的很想您，起先我们不怎么熟悉，我特别清楚的记得老师我们一起排练话剧我演地主，你特紧张，但是您给我教时我就很放的开，就特别喜欢您给我教。

自从老师您走了以后在也没人给我放电影，

老师，以后一定会再见的～

请记住我，伍金，就是咱们班最帅的。

我爱你，

伍金。

老师，我以为您把我们给忘了，老师您不带我们的时候我语文成绩都没及格，老师您五月份走的时候真的很想您。起先我们不怎么熟悉，特别清楚地记得，老师您和我们一起排练话剧，我演地主，特别紧张，但是您教我的时候我就很放得开，就特别喜欢您教我。自从老师您走了以后再也没有人给我放电影了。老师，以后一定会再见的！请记住我，伍金，就是咱们班最帅的！

林芝二高原高一（一）班　伍金

♡♡
嗨！孟老师♡（您美丽与智慧并存）
其实您的存在，对于我来说真的很重要。
真希望能够回到我们最初相遇的地方
不是为了改变过去，只是想重拾那些和您在
一起的点点滴滴，全部全部都想再经历一
次，我是这样的喜欢您，很喜欢您。
我喜欢听您讲课，我喜欢听您讲关于董丽娜
的一切事迹，记得您还跟我们讲过董丽娜
是您的偶像，您喜欢记者这一职业，我也很喜欢，
其实我也挺喜欢看着老师您笑，您笑的很灿烂
阳光照过您的脸颊，您就像仙女一样美丽。
这次分离，也许再无法相见，我会想您的♡
爱你哟！♡　P.S：索朗德吉

嗨，孟老师！其实您的存在，对于我来说真的很重要。真希望能够回到我们最初相遇的地方，不是为了改变过去，只是想重拾那些和您在一起的点点滴滴，全部都想再经历一次，我是这样的喜欢您，很喜欢您。

我喜欢听您讲课，我喜欢听您讲关于董丽娜的一切事迹，记得您还跟我们讲过董丽娜是您的偶像。您喜欢记者，这一职业，我也很喜欢。其实我也挺喜欢看着老师您笑，您笑得很灿烂，阳光照过您的脸颊，您就像仙女一样美丽。这次分离，也许再无法相见，我会想您的！

林芝二高原高一（二）班　索朗德吉

老师您辛苦了！当您看到这封信时，您应该不知道我长什么样，但是老师请您记住，我是一位长得很帅的波密男生。

老师，你们为了建设大美西藏不惜来到海拔 3000 多米的西藏，远离家乡和亲人。来到西藏，老师我代表您教过的每名学生对您说一句：“谢谢您，老师！”虽然不知道和老师下一次见面是什么时候，但是老师我希望您可以多来西藏看一下您教过的学生。谢谢您，老师！

我代表二高学生向每一位将自己的热血挥洒在美丽西藏的支教老师说一声：“谢谢你们，老师！你们辛苦了！林芝二高永远欢迎你们！”

林芝二高原高一（一）班　索朗达瓦

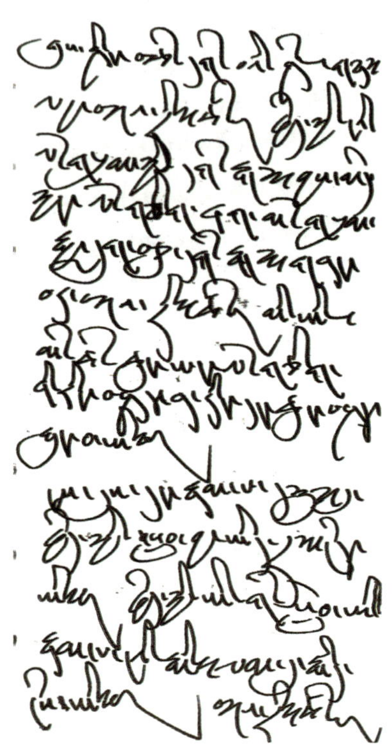

老师，虽然您不能教我们高中三年，但是在这一年 365 天里，感谢您的教育，感谢您的大恩大德，不厌其烦教我们知识，陪我们成长，我终生难忘。到现在我一直记得您的教诲，还有平日里上课的苦口婆心。谢谢您！

林芝二高原高一（四）班　赤列曲培

老师，其实我第一次见你是在某个活动，你站在讲台
上那样楚楚动人，嘻嘻♡没想到后来你来教
我们政治了其实也蛮开心的，我画了一幅画是老
师的肖像，画的太丑了，对不起，怪我没有画技
画不出老师你的美

爱你的学生♥
于：巴桑卓玛

老师，其实我第一次见你是在某个活动上，你站在讲台上那样的楚楚动人，嘻嘻！没想到后来你来教我们政治，其实蛮开心的！我画了一幅画，是老师的肖像，画得太丑了，对不起，怪我没有画技画不出老师的美。

林芝二高原高一（十一）班　巴桑卓玛

老师，认识您的时间很短，但是您带给我们很多。您在平时的课上能够很好地教育我们、启发我们，我学到了很多。我希望老师您能在我们高三的时候回来，来看我们！

林芝二高原高一（十一）班　欧珠坚才

亲爱的政治老师：

当你看到这张字条的时候，你应该在离我们很遥远的大城市吧！或许你也开始像我们一样天天听课、写作业（我的猜测能力是不是很厉害）。希望你在那个我陌生的地方能够开心、幸福，也不要忘了时常要想着我们！林芝二高因为你们的到来而变得生机勃勃，老师跟你说句秘密，你可不能告诉其他人哟，那就是如果你们走了，我们学校就没有帅哥和美女老师了。哎，想想都难受！但是你说两年后还会来看我们，那我们的心灵上还是受到了极大的安慰了！不许食言哟！记得要好好的，再见了，老师！

林芝二高原高一（十一）班　（大）拉巴卓玛

天下没有不散的宴席 过几天.孟婷老师
你们就要走了,还真有点舍不得
感谢有缘分让我遇上你. 您教的课
跟别人不一样. 我们非常喜欢上您的课
还有很多很多. 由于时间不够. 就不写了
希望您在内地、好好的
永远开心. 好好照顾自己
有时会遇到挫折和不开心的事情时
多想想在二高跟我们在一起美好的回忆
想那些. 那您心情肯定会变好
还有. 我会想念你的
祝你一切顺利
记得加微信:
学生:旦增卓嘎.

天下没有不散的宴席，过几天孟婷老师你们就要走了，还真有点舍不得。感谢缘分让我遇上您，您教的课跟别人不一样，我们非常喜欢上您的课。

还有很多话想说，由于时间不够就不写了，希望您在内地好好的，永远开心，好好照顾自己，有时会遇到挫折和不开心的事情时，多想想在二高跟我们在一起的美好的回忆，您的心情肯定会变好的！还有，我会想念您的，祝您一切顺利！

林芝二高原高一（十一）班　旦增卓嘎

唉！你马上就要走了！很多话想要
对你说。可是你要走了时，我又说不
出口。我真的很喜欢你。你对每个
学生都很公平。你是我最好的语
文老师。我希望我们还能相见。
不要忘记我们。我们都会把你
记在心里，直到永远。如果你要
回来，我们会等着你。你是一位
好老师。在心底里你是一位好姐姐
我们希望以后还能见到你。
我们会想你的。
祝：
你身体健康，万事如意。

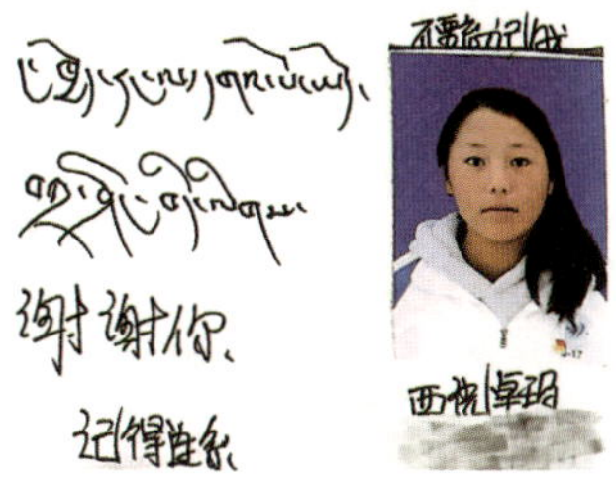

唉，你马上就要走了！很多话想要对你说，可是你要走了，我又说不出口。我真的很喜欢你，你对每个学生都很公平，你是我遇到的最好的语文老师。我希望我们还能相见，不要忘记我们。我们都会把你记在心里，直到永远。如果你要回来，我们会等着你。你是一位好老师，在我心底你是一位好姐姐，我们希望以后还能见到你！我们会想你的。祝：身体健康，万事如意！我爱您，扎西德勒！

林芝二高原高一（十一）班　西绕卓玛

Dear:孟婷

多幸运呐~在我高中生涯里 遇见你，做您的学生

我特别喜欢听你课，您的课让我受益许多，您的知识，

让我心情愉悦。

嗨~我是一名普通的学生，我之前是十一班

现在仍然是十一班，我是由光耀 由老师的学生，

由老师是我的班主任，李长安老师是我的生物老师

任美懿老师是我的英语老师

吴稼葆老师是我的物理老师

您孟婷老师是我的政治老师也是我的语文老师。

真心感谢您 这一段时间对我们的照顾~

我最最亲爱的你呐~真心舍不得。

对您的情无法用言语表达，无法用书写表达。

爱意深重，一枚我爱的您呐~

(老师在未来的日子里！照顾好自己)

(我爱您)

春连

Dear 孟婷：

多幸运在我高中生涯里遇见您，做您的学生！我特别喜欢听您的课，您的课让我受益许多，您的知识，让我心情愉悦。

嗨～我是一名普通的学生，我之前是在十一班，现在仍然是在十一班。我是由光耀老师的学生，由老师是我的班主任，李长安老师是我的生物老师，任美懿老师是我的英语老师，吴稼葆老师是我的物理老师，孟婷老师是我的政治老师，也是我的语文老师。真心感谢您在这一段时间对我们的照顾，我最亲爱的您，真心舍不得，对您的情无法用言语表达，无法用书写表达，爱意深重。老师，在未来的日子里，照顾好自己！

林芝二高原高一（十一）班　春连

第四章

西藏，我愿用一辈子去懂你

这里第一杯茶你是陌生人，
第二杯茶你是我的宾客，
第三杯茶你是我的家人。
——《三杯茶》

有人说，走进西藏有数不尽的理由，每一个理由都足以让人怦然心动；有人说，走进西藏不需要理由，“西藏”这个名字就足以让人魂牵梦绕。

很多人眼里，西藏是神秘的代名词。假如你来过西藏，会在大昭寺门前看到一步一叩首的虔诚信徒，在布达拉宫脚下看到红袍僧人，在羊卓雍措邂逅回眸恋人，在桑耶看老西藏，在林芝体验雪域江南。我很幸运，用一年不长的时间，来到一个终生难忘的地方。西藏的时光，是我最美好的时光。

此前我去过很多地方旅游，大多都是走马观花，更别提细心吟味了。但于西藏而言，它是一部厚重的经典著作，值得我细细品读，切勿囫囵吞枣，只有用眼睛去观察、去探求，用虔诚的心灵慢慢体悟，才能走近它、读懂它。在西藏的日子，只要放假休息，我就拿着相机和志同道合的朋友周游“西藏”，享受眼睛看到的风景，也想把那一刻永久定格，用镜头捕捉瞬息万变的第三极。这个篇章，我用一张张图片为你介绍我走过的西藏。

1　拉萨·布达拉宫

你在电视机、报纸杂志、微博微信以及纪录片中，已经看过无数次布达拉宫，但当你走近它，走进它，依旧会被它的美丽、庄严、神圣所震撼。我相信无数个离开拉萨的游人，一定深深眷恋着布达拉宫的雄伟壮观，因为它是世界上海拔最高的宫殿，是西藏最庞大、最完整的建筑，是藏族人心目中的圣殿，是每一个朝圣者这一辈子终极朝拜的地方。要读懂它，可能需要很久很久吧。

《寻找·找寻》

孟婷　摄

照片诠释：

释迦牟尼曾说，无论你遇到谁，都是你生命中该遇到的人，绝非偶然，他的出现一定会教会你什么。所以无论走到哪里，我都相信那是我该去的地方，做该做的事情，遇见我该遇到的东西。

《群楼殿宇惊尘世》

孟婷　摄

照片诠释：

布达拉宫是我见过的唯一一个比旅游宣传片更有震撼力的地方。

《五星红旗我的家》

孟婷　摄

照片诠释：

你问我家在哪里？五星红旗飘扬的地方，就是我家。

2　拉萨·八廓街

八廓街是围绕大昭寺修建的一条拉萨最为繁华的商业街。人们常说“先有大昭寺，后有拉萨城”。每日来大昭寺转经的人络绎不绝。走在街道上，看着人来人往，游客步履匆忙，当地穿藏袍的百姓却十分悠闲。常常能看到这些淳朴的藏民一早就在大昭寺转经，然后在光明茶馆坐着，点一小壶酥油茶和一份藏面，三五成群聊天、谈闲，日复一日。

《朝拜》

孟婷　摄

照片诠释：

茫茫天地间，心之所在，就是圣地。

《你曾是少年》

雁子　摄

照片诠释：

愿出走半生，归来仍是少年。

《“富”女》

雁子　摄

照片诠释：

听藏族奶奶讲年轻时候的自己，岁月把你变成妇女，但经历让你成为“富”女。

《在路上》

雁子　摄

照片诠释：

最美的风景一定在路上。

3 拉萨·玛吉阿米

玛吉阿米，藏语是“未嫁娘”的意思。它位于八廓街，这里也是俯瞰八廓街的绝佳地点。玛吉阿米这个名字，出自六世达赖喇嘛仓央嘉措的情诗：“在那东方高高的山尖，每当升起那明月皎颜，玛吉阿米醉人的笑脸，会冉冉浮现在我心田。”这个小诗耳熟能详。玛吉阿米，相传是仓央嘉措情人的名字，而当年二人幽会的地方据说正是现在的那个黄色小楼。

《玛吉阿米》

孟婷　摄

照片诠释：

住进布达拉宫，我是雪域最大的王；流浪在拉萨街头，我是世间最美的情郎。玛吉阿米，多年过去，你依然在我心口幽居。

——仓央嘉措

《遇见》

吴稼葆　摄

照片诠释：

追寻着仓央嘉措的足迹，念着他的《那一世》，心底期盼着我会是下一个玛吉阿米。

《缘来是你》

山西老乡　摄

照片诠释：

对面恰巧坐一位山西老乡，手提一壶酥油茶，静思，遥望——这个妹妹我曾见过。

4　山南·羊卓雍措

羊卓雍措藏语意为“碧玉湖”，西藏三大圣湖之一，每一个去到这里的人都难忘那一抹绿。羊卓雍措环绕于群山之间，宛若一条碧蓝色的腰带。而残雪覆盖在藏青色的山头上，它们悄然不语，仿佛似青山的盖头。

《净静境敬》

孟婷　摄

照片诠释：

一净地域，二静心灵，三境眼界，四敬天地。

《牦牛与姑娘》

达瓦　摄

照片诠释：

正月十五那一天，文成公主来吐蕃，莲花大坝不用怕，百匹骏马来迎接，高山连绵不用怕，百头牦牛载公主……

《青山绿水见牛羊》

孟婷　摄

照片诠释：

西藏风光如仙境，青山绿水见牛羊。

5 山南·桑耶寺

若有理想国，或是桑耶寺。西藏的第一座寺庙，主殿内依然保存着完好的古代壁画。就外表来说这里并不算富丽堂皇，但那些蕴藏在红白建筑中的文化气韵，随处可见。

桑耶寺是山南藏民心中的圣地。据《桑耶寺志》记载：公元 762 年，赤松德赞亲自为寺院举行奠基。初建时，赤松德赞急于想知道建成后的景象，于是莲花生就从掌中变出了寺院的幻象，赤松德赞看后不禁惊呼“桑耶”（意为“出乎意料”“不可想象”），后来就把这一声惊语作为寺名。

《桑耶》

孟婷　摄

照片诠释：

桑耶！

《栉风沐雨》

孟婷　摄

照片诠释：

暑雨祁寒，虔诚的心从未止步。

6 林芝·鲁朗、南迦巴瓦峰

鲁朗作为林芝现如今最为推崇的品牌景点，四季如春，成群的牛羊漫步花海，远处牧民的小屋炊烟袅袅。鲁朗小镇被内地人称作中国的“小瑞士”，一路上随处可见藏香猪、藏牦牛，风吹云动，犹如幻境。

还有，鲁朗著名的“石锅鸡”，配上当地野生松茸，味道一绝！从鲁朗返回八一的路上，会经过色季拉山，当山间云雾散去、当落日余晖倾洒在雪山之上时，林芝的这座羞女峰——南迦巴瓦峰会慢慢展现它的盛世之美。南迦巴瓦峰被《中国国家地理》杂志评为“中国最美山峰”，它吸引无数摄影爱好者驻下脚步，不过能不能一览它的全貌，要看你的运气了！

《鲁朗恒大酒店》

刘晖　摄

照片诠释：

鲁朗小镇，318 国道上盛开的“繁花”。它是西藏的新标签，打开进入西藏的新通道，青藏高原难得一见的“水乡”。色彩鲜明的藏式商业街依河而建，恒大酒店坐落此处恢宏壮丽，小镇一派祥和景象。

《风马旗》

刘晖　摄

照片诠释：

那一刻，我升起风马旗，不为祈福，只为守候你的到来。

——仓央嘉措

《宁静》

孟婷　摄

照片诠释：

远处是加拉白垒峰，和南迦巴瓦峰一江之隔。民间流传一句话：到了工布鲁朗，你会忘记自己的家乡。在加拉白垒的映衬下，整个鲁朗显得格外宁静。

《雨后》

孟婷　摄

照片诠释：

在鲁朗遇到一切都是人间奇迹，正如雨后彩虹，装点小镇的美。感谢上天眷顾，让我看到婀娜多姿的“鲁朗容颜”。

《南迦巴瓦峰》

孟婷　摄

照片诠释：

能看到南迦巴瓦峰全貌，你一定是幸运的。

《“羞女”探出了头》

孟婷　摄

照片诠释：

南迦巴瓦峰是一座从来无人登顶的山峰，无数摄影爱好者都因它的“羞涩”慕名而来，峰顶常常笼罩在云雾中，就像是害羞的少女。

7 林芝·巴松措

“措”在藏语里是“湖”的意思。巴松措，在雪域高原也被称作“绿色的水”。毫不夸张，绿色的湖水清澈见底，一点污染也没有，这片超过4平方千米的高山湖泊就像绿色翡翠，果真如世外桃源一般。湖中有一座用栈桥和陆地相连的小岛——扎西岛，也叫湖心岛。雨后的巴松措，湖心岛雾气缭绕，宛如神仙居住的地方，给人思绪万千的遐想。

《难得》

孟婷 摄

照片诠释：

雨后的巴松措，难得的青山绿水。

8　林芝·雅鲁藏布江大峡谷

小时候，语文书里有过一篇课文《雅鲁藏布江大峡谷》，时至今日，终于来到此地。这是世界最美的大峡谷，也是最大的大峡谷，震撼所有人的还是那个著名的“大拐弯”，令人向往。雪山，河流，蓝天，白云，还有美丽的格桑花，一起构成雅鲁藏布江大峡谷最美的自然景观。

《大拐弯》

孟婷　摄

照片诠释：

幽静的风光，惬意的田园，进入村子，听着珞巴族百姓闲谈，领略藏南秘境。

9　林芝·桃花沟

在西藏林芝，在城边上，有一个每到三月人就爆满的小景点——桃花沟。每年三月林芝都会举办盛大的桃花节，吸引大批游客来访。当盛开的桃花依偎在高耸入云的山峰之下，当浓郁的芳香渗入灵魂深处，那鲜活的美丽惊心动魄，让人为之倾迷。

《桃花仙境》

梅晶石　摄

照片诠释：

三四月份的林芝承包了春天所有的美，放眼望去，宛如桃花仙境。

《春风十里不如你》

梅晶石　摄

照片诠释：

西藏林芝的嘎拉桃花村，是整个西藏“雪域桃源”的起点，是赏花的绝佳地点。

《星空》

梅晶石　摄

照片诠释：

在西藏的夜晚触摸天空，星星好像就在额头边上。

【附藏族教师平措次仁描述西藏林芝桃花景象】

此生至少来看一次林芝桃花。

林芝的桃花美在自然，美在独特，美在处境。

古木丛生，枝干婆娑盘旋，桃花却娇艳粉嫩，枯木逢春说的就是这里。加上雪山江水田野映衬，更显独具盎然。

这里少了一份高原的春寒料峭，却多了几分江南的春暖花开，而又不是江南，明明还是在高原，明明还是在雪山之下，怎就如此多娇呢！这便是林芝桃花之美。

桃树数量之多，基本就是覆盖整个林芝，而桃树多生长在河谷周边、村庄附近、道路两旁。桃树的布局特点决定了桃花注定和林芝文化结合在一起，是和林芝人民的淳朴、热爱自然、热爱生活、热爱美紧紧联系一起。依稀记得童年时，总是顽皮地摘下桃花做成插花，母亲总是苦口婆心劝告："桃花亦有生命，罪过罪过。"这样的教育在林芝、在藏区都是普遍的，就是"将世间万物视为自己母亲"的怜悯之心。也正是这样的菩提之心、如此的敬畏自然，才使得今天的桃花历久弥新、弥足珍贵，引得世人驻足欣赏。

此生一定至少来看一次林芝桃花，无须进到某个特定景区，整个林芝就是个无限巨大的景区，可以随时驻足，随意拍上一张照片，你就是摄影大师了。

文 / 林芝二高语文教师　平措次仁

10 林芝·米堆冰川

米堆冰川被称为中国最美冰川，这座上万年的远古史前巨物，在阳光下散发着耀眼的光芒。在一个雪白的梦里，冰川、湖泊、农田、村庄、森林凑在一起相互取暖，构成了最动人的美丽。它究竟见证过多少沧海桑田？不得而知，只是在其中不敢高声语，只怕惊扰它。

《牦牛与藏族的不解之缘》

孟婷　摄

照片诠释：

有藏族的地方就有牦牛。

《光与影》

孟婷　摄

照片诠释：

你在凝望冰川，冰川也在凝望你。

《走吧，去援藏》

罗宗勇　摄

照片诠释：

我们都是援藏人，我们都有援藏梦，我们都含援藏情。

11　隆子县，我来了

隆子县，位于西藏山南市。这是中国的边境县，在和聂春林认识前，我并不知道。宣讲路上，和他相识，聊及许多，我们成为知己。后来得知，他被分配到隆子县，所以我决定在离藏前去一趟隆子县。

通往隆子县的山路

从林芝出发，若早上 9 点坐上大巴，晚上 7 点才能到山南市，到隆子县恐怕就摸黑儿了，于是我选择“林芝—拉萨—山南—隆子”这条线路，随一名藏族司机自主出发了。

这一路我的眼睛舍不得合上，景色特别“活泼”：远远望去，湛蓝的天空上飞着群鹰，天上的云彩离地面很近，似乎一伸手就能摸得着；马路两边，漫山遍野黄绿色的油菜花，清香扑鼻，恨不得让人把它们全都带回家；柏油马路上，行走的不止汽车，还有藏香猪，有牦牛，有山羊，还有好多“可爱”的动物，一路上我看着它们，它

通往隆子县的山路

们看着我，四目相视，轻轻一笑。这时我想到了“风吹草低见牛羊”的样子，可我是在西藏，不在蒙古草原。

跋山涉水，翻越两座高山，伴着藏族人爱听的音乐《FLY》来到终点——隆子县。

《FLY》　演唱：ANU

FLY是“飞”的意思，藏语发音是“per”。这是一首极富正能量的歌曲，也是我听过最好听的藏语歌曲，节奏感很强，支教的时候有好多个班把这首歌作为班歌。这首歌不知在什么时候一夜之间火遍全网，每个人都会哼唱几句。无论何时何地，听到它，我的心情就像脱缰野马，音乐的奇妙难以言喻。虽然歌词部分是藏语，但我认为好的音乐是不会有语言隔阂的，它的旋律足以把人带入神圣的藏族，仿佛眼前便是南迦巴瓦，仿佛看到了碧水蓝天，美极了！

远处，一个红色的建筑门槛，上面写着 9 个大字“学玉麦 讲奉献 守边疆”，还有一句标语“做神圣国土的守护者，幸福家园的建设者”。这使我觉得这一趟更像是红色之旅，因为这个地方，就是习总书记 2017 年回信的卓嘎、央宗姐妹生活的地方。

隆子县标语牌

“家是玉麦，国是中国”，我国曾经人口最少的“三人乡”就是隶属山南市隆子县的玉麦乡。这里位于中印边境，是我国人口最少的行政乡，目前全乡 9 户 32 人，农牧民党员 9 名。1990 年以前，卓嘎、央宗姐妹俩和她们的父亲桑杰曲巴 3 个人，是这片土地上仅有的百姓。一个屋子，既是乡政府，也是他们的家。

父亲走后，这对姐妹几十年如一日地在玉麦乡为国守边，忠于祖国，默默地奉献。我特别想亲自去玉麦乡看一眼，但路上多方坍塌，行程就取消了。其实，在西藏还有千千万万这样爱国的志士，我作为支教志愿者，唯有默默学习，向他们致敬。

现在有越来越多的内地援藏干部、支医支教支农志愿者拥入西部，扎根西藏，在这里奉献自己的青春。祖国不会忘记他们，这里的人民也需要他们，而他们将用赤诚之心，为人民服务，报效祖国。

待格桑花开，必将香飘万代。

隆子县边境

纪录片《家是玉麦　国是中国》

之前慕名而去隆子县，为的就是去看看卓嘎、央宗姐妹生活的地方。有一种家国情怀叫——家是玉麦，国是中国。这个曾是“三人乡”的地方住着卓嘎、央宗姐妹俩和她们的父亲。姐妹俩在 2017 年曾写信给总书记，讲述这些年玉麦乡的变化，感谢党和国家对玉麦乡的关怀。姐妹俩说：“家是玉麦，国是中国，放牧守边是职责。”他们一家两代人几十年如一日，默默守护着祖国领土的故事感动了总书记，感动了全中国人民。去看看这个纪录片，去看看卓嘎、央宗姐妹俩在遥远的玉麦生活得好不好，她们像格桑花一样扎根在雪域边陲，向她们致敬。

第五章

师大的“芝”教记忆

一次美丽西藏行，终生雪域高原情。

一次美丽西藏行，终生雪域高原情。从辽宁师范大学第一届研究生支教团成立迄今为止，已经走过 6 个年头了。2014 年，辽宁师范大学作为全国第十六届研究生支教团新增招募高校，获得 3 个面向 2010 级本科生的招募指标。经过考察学生的综合素质、支教能力、志愿奉献精神，最终从具备选拔资格、自愿投身西部支教事业的 27 名同学中，确定栗庆阳、赵梓乔和聂倩琳 3 名同学作为首届支教团成员；第二年，规模扩大，从原来的 3 名同学扩大至 7 名，赵玉婷、孙苏琪、胡文静、胡迪、高玉旭和张素华 7 名同学延续辽师人的支教热情来到西藏志愿接力；第三年，情握接力棒，赵敬轩、孙雪霏、王磊、胡傲然、孟琦琦、吴芳、卢洪敏顺利抵藏，贡献青春和能量；第四年，我和吴稼葆、任美懿、侯台风、何熠辉、由光耀、李长安 7 人也完成接力棒的任务，毫无保留地发挥我们的光和热；2018 年，第五届研支团郭欣阁、闫鑫磊、季承前、门泽超、付馨谊、杨泽垠、杨溢正在西藏进行支教，他们像前辈们那样，在为祖国西部教育事业贡献自己的青春、智慧和力量；2019 年七月即将启程的第六届研支团姜尚汝、赵周璇、张宇浓、贾东帅、杨晴铄、赵乃昕、武亚冰也已经蓄势待发，矢志不渝，逐梦前行；未来还有第七届研支团、第八届研支团……会将辽师人的热情播撒在祖国的最高峰。

辽宁师范大学的校训是“厚德博学，为人师表”，一代又一代志愿者将辽师精神与志愿者服务精神结合，用他们的实际行动践行“到祖国最需要的地方去”的诺言，实现人生至高理想。

这个篇章记录了一届届志愿者在西部一线教育岗位的真实见闻，也记录着不同寻常的研究生一年级的生活，多年后，回忆起当年的“芝教记忆”，回想起西藏的孩子们，每个人都是幸福的，西藏已然成为我们研支团大家庭的第二故乡。

1　西藏行，一生情

四年前

在 2015 年的年底，听到一期音乐调频节目，讨论的话题是“说一说 2015 年的收获和遗憾”，当时窝在被窝里、塞着耳机的我跟随着主持人富有磁性的声音，陷入了我的 2015 年。我笃定，在我 24 年的生命中，它应该是我最骄傲的一年，最珍惜、最不愿离去的一年。因为，那一年，我与他们相遇，在海拔 3000 米的雪域高原。

我是一个湖北妹子，在上大学前没有离开过家乡，2010 年，来到辽宁师范大学开始了全新的生活。我的大学四年，都在这个充斥着微微的海风和浓浓的海蛎子口音的城市度过。

迈入大四的门槛，在同学们思索着究竟是读研还是工作的当下，我机缘巧合地知道了这样的一个消息：辽师经过申请，终于成为拥有研究生支教团选拔资格的高校之一。中国青年志愿者研究生支教团是由共青团中央、教育部共同组织的志愿服务西部的项目，而在 2014 年时，全国仅有 96 所高校拥有这个资格。

辽师在 2014 年拥有了珍贵的 3 个名额，在全校范围内开始了辽师首届（全国第十六届）研究生支教团招募活动。选拔的第一轮是资格审查，共有八大要求：

1. 担任校级部长级干部或者院主席团成员；

2. 四年来专业成绩在年级前 20%；

3. 综合测评为专业前 10%；

4. 政治面貌为中共党员；

5. 英语过六级；

6. 获得过市级以上荣誉；

7. 无任何违纪现象；

8. 无挂科。

全校共有 37 名同学报名，但是在第一轮结束后，只有包括我在内的 7 名同学进入了第二轮。第二轮则为面试环节，共有 5 名校团委老师和校团委书记对我们进行面试。

入选之后，学校给予了我们无微不至的关怀，让我们 3 人在校团委实习，以此让我们继续锻炼自身的综合能力。以往去西藏服务的一般是北京大学、清华大学和中山大学等这样的 985、211 高校学生，但是 2014 年国家加大了对西藏志愿者的投入数量。

得知了这个消息后，校团委书记王维老师这样对我们说：你们 3 个都是党员，也是学校千挑万选出来的学生干部，希望你们能发挥不怕苦不怕累的精神，将一年的支教时间无限扩展它的容量，去到祖国最需要的地方，做一件终生难忘的事情。不管你们决定去哪里，辽师永远是你们坚强的后盾！

书记的话深深地鼓舞着我们，之后我们主动向团中央申请，希望将支教服务地由四川改为西藏，将辽师人的热情和贡献洒在祖国的最高峰。更幸运的是，这个要求也被团中央批准了。于是，我又从一个海滨城市来到了祖国的西南边陲。

西藏，在很多人眼中，是传说中的圣地，它有着虔诚的宗教信仰，有着沁人心脾的蓝天，有着恢宏的布达拉宫。然而，当你真的走进西藏，你才能真正感受到一个平均海拔 3500 米以上的西藏，一个空气稀薄的西藏，一个阳光令你不敢直视的西藏，和一个一年四季风沙满天的西藏。就是这样一个地方，当你走进它，才能爱上它，才能真正地说你爱它。

我所支教的单位是西藏自治区林芝市第二高级中学。西藏地广人稀，整个林芝市只有两所高中。近些年，国家加大了对西藏的教育投入，越来越多的藏族家长也意识到了孩子读书的好处，所以乐于上高中的学生越来越多。

我在二高，担任高一的科任老师。高一接收了 800 名学生，一共 15 个班级，整个高一年级加上我，只有 2 个历史老师，所以我担任了 8 个班的历史老师，每周课时 34 节。除此之外，由于教师调整，我又额外担任一个班的语文老师，成为全校唯一一个教授两个科目的老师。

在开始正式上课前，我有过心理准备，西藏学生的汉语基础应该是很差的，但是当我真的开始教学工作后，才发现他们的汉语水平居然比我想象得还要差。比如说，有一个 17 岁的学生，每次上课时都在睡觉，而当我让他读课文时，才意识到他不认识的字很多，甚至连工厂的“厂”字都不认识，可想而知，老师上课所讲的内容对于他来说，要理解有多难。不仅如此，就连孩子们交上来的历史作业本的封面上，每个班都有好几个人写的是“历吏本”。

更有一次，我监考高三学生的最后一次模拟考，收试卷时发现了一个高三美术生在做试卷之余给我画的一幅肖像，上面还写着“老师，您辛苦了”。收到这个，我真是又感动又生气，感动的是一个素不相识的学生能这样感恩老师，生气的是他竟然在考试时还有闲情画画，并且“辛苦”的“辛”字还是错的。

以前觉得藏族孩子高考很简单，录取分数很低，但我不知道的是，他们在接受教育时各项条件的缺失，西藏的很多家长完全不懂汉语。记得有一次，一个高二学生多次违纪，德育处请来了他的父亲，那是一个穿着藏服、盘着辫子的康巴汉子。在德育处主任（汉族）与他沟通时，由于语言不通，那位父亲给了违纪的学生一根烟，来让他翻译主任的话。这个场面令我非常震惊。

不仅如此，我还从其他老师口中了解到，很多孩子一到了草药成熟的季节，都会被家长从学校领回家挖虫草，原因是小孩子能趴在地上，视力好。所以一个已经读高中的学生，可能小学只读了四年，初中只读了一年。这样断断续续地学习，根本算不上完成基础教育。

在这样的前提下，加之我教授的主要是历史，不是我的本科专业，并且还要考虑到他们的汉语基础，我每次的备课时间几乎都是 3 个小时以上。西藏的时间比北京时间晚两个小时左右，晚自习结束后已经是接近 10 点。除了正常的教学工作之外，由于志愿者的身份，学校积极让我们参与到校园各项文体活动和教学管理工作之中。所以在支教的一整年，我可以说每天都是晚上 12 点以后才休息。在这样高强度的工作之中，我却感觉到了深深的满足。

一年的支教生活，我以志愿者的身份真诚地告诉大家，当我们真的开始支教时，千万不要有救世主的心态，因为他们可能跟你想象的不一样，诚然有些学生是特别爱学习，但也有许多学生会上课睡觉、玩手机。

我们更多的应该是做一个牵引者，告诉他们区外的生活是另一种精彩，告诉他们大学不是可上可不上的，要为他们去构筑梦想的价值和希望，要展现出最好的你，要让他们渴望去拥有和你一样的经历。

支教这种行为并不一定是我们在帮助他们，他们同样也在成全我们。我在林芝二高得到了很多老师和同学的支持，我的课堂甚至比他们班主任课堂的纪律还要好，同时在2014年青年教师授课大赛中，我获得了全校第三的成绩。在最后的期末考试中，我所带的班级获得历史全年级第二、语文全年级第一的成绩。直到现在学生们还会跟我发消息，说特别想我，怀念我的课堂，让我再回去教他们。因此，我觉得更多的时候是他们在帮助我，帮助我树立当老师的信心，帮助我坚持做老师的梦想。

四年后

四年过去了，如果再谈支教，我想说的话变了。一直以来，我都以我去过西藏支教而骄傲自豪，但随着时间的推移，我渐渐不愿谈起这件事了。

那一年和我一起去的志愿者除了研究生支教团，还有西部计划（西藏专项）志愿者，辽师那年一共有近30人去往西藏，去往各个地区、县市。有这样的几个人不可忽视：一个是文学院的万文奇，他在日喀则服务，一年支教期过去后，他考取了林芝市的公务员，现在在市政协工作，永远留在了那里。他文笔很好，很得领导器重。还有一个是法学院的同学，也考取了林芝市公务员，在朗县工作，并留在了那里。

第三个是文学院的康群，当年申报西部计划志愿者时，他考上了辽师的研究生，后来主动休学一年去支教，在藏大服务。研究生毕业后，他又选择了新疆，现在在新疆工作。

这几个同学我都很佩服，最敬佩的还是张巧婷，她也是法学院的学生，小小的身体里藏着大大的能量，从第一次和她接触，我就知道她比外表看起来要坚强。在西藏服务两年后，她选择加入“美丽中国”，至今仍在云南贫困山区支教，比我当初的服务地林芝，条件差了太多太多。

等我进入工作岗位后再回想起这一年的经历，我终于能够解答一个问题，支教带给我了什么。

其实支教在我读研期间给我带来了一些好处，比如听说我去支教，学弟学妹很佩服我，一下子神化我了，也包括说这个保研，也是因为完成了支教任务获得的。但是其实真正在我读研和找工作期间，甚至就业后，支教似乎没有帮到任何忙，我指的是那种实际意义的忙。现在很多人对支教有误区，好像觉得你去支教了，所以回校后会得到很多很多，找工作时也会有很多便利，包括之后还有人一直问我到底支教环境怎么样啊，回来后有什么好处啊，我都懒得回答这种问题。因为这些人没有那颗心，那颗单纯的心。

慢慢地，我惊喜地发现，很多跟我一样去支教的人，回来后都特别优秀，于是很多人就把这个优秀理所应当地归于支教。然而他们不知道，首先是因为他们优秀，才能被选拔上去支教，也正是他们优秀，才会将这短短一年的经历内化于心，成为自己不断成长的养分。

27 岁的我再度回望那短短的一年，很多事情都已渐渐模糊，很多学生的名字都已忘记，真诚地说，我真心觉得支教带给我的，就是一段温暖的回忆，仅此而已。我在 22 岁最青春最美好的时候，去了一个美丽的城市，上了一年的课，感受到了不一样的风景，经历了我这一辈子再也不会遇到的那些人和那些事，其中酸甜苦辣、人情冷暖只有自己知道。

现在，我不愿意再提支教，因为那不算什么。其实，更多的志愿者留在了西藏，或者说一直在进行着志愿服务，他们的心声我们听不见也不知道。作为一个只进行了短短一年支教的人，我感受到了自己的渺小。曾经我也下定决心，研究生毕业后，要回到那片土地上，甚至永远留在那里，但是我终归没有做到。真心希望正在支教、曾经支教、想去支教的弟弟妹妹们不要神化支教，不要神化这一年的经历。不要忘了自己的本心，不要辜负每一段人生。

聂倩琳和学生合影

文 / 辽宁师范大学第一届研支团　聂倩琳

“研究生支教团”这个名字是六年前第一次在一篇文章里看到，辽宁师范大学 3 名大四毕业生，经过层层选拔成为辽宁师范大学史上第一届支教成员。我在手机这头看着照片里雪山下举着校旗的师兄师姐，心里十分敬佩，自此我的大学生活有了新的目标。倩琳姐就是当时 3 名支教者中的一员，我们来听听她和西藏的不解之缘。

2　西行记

那是正值酷暑的 7 月，风尘仆仆回到家中，最常听到长辈问的是：

“那里是一个怎样的地方，危险吗？”

“在那里支教，身体能适应得了吗？”

“那里的日子，是一种怎样的体验？”

“那里的……那里的……”

还记得，当时自己满脑子浮现着“那里满是大美的风景、奇异的民俗，还有缺氧的感受……”但每逢话要出口时，我只说了这么一句：

“那里挺好，真的挺好的……”

距离去林芝支教已经快四年了，我也经历了从一名大学毕业生到一名高中地理老师，再到一名硕士生的角色转化。2015 年 7 月至 2016 年 8 月，那一年，我穿梭于丘陵与高原之间，跨越 3600 千米的铁路与公路线，完成了一场珍贵且值得的志愿西行。

“青藏铁路上拥挤的车厢中，队友之间相互鼓励来缓解高反的不适；藏大培训时，躺在校园的草坪上看着耀眼的星空许下支教心愿；初入二高，面对每周课业的繁重，备课时充满慌乱与不安；骑着自行车去上早课，听着读书声化解冬日的严寒；在总务科室，与平措次仁主任反复修改着总务公众号的宣传文章；去米林家访时，普布旦增拿出自己心爱的油笔画向我展示……”无数个片段仿佛就在昨日，就在一闪即过的某一瞬，与我是那么相近，无时空之限，亦无山水之隔。

我时常在想，支教对我而言意味着什么，抑或是我从这一行中收获了什么。也许刚结束支教时，我会说心中满是不舍与珍惜。一年的时限虽不长，但这个短暂的过程中，有太多的人和事让我无法一一道别，正是这份遗憾加深了我对支教的那份怀念。在支教之后回母校读研的这些年，当曾经的学生们因学习而困扰寻求我的纾解时，当他们收获了大学通知书给我打电话报以欢喜时，当我在科研学习上不断思考今后出路时，我对支教的那种怀念情绪得以不断地沉淀。如今，当我再次思考支教所获与所得时，我最大的收获，一是此行让我体会到了感恩的真谛，二是此行让我对未来的路满怀希望。

初到林芝二高的我被分配了高一年级的地理教学和总务室干事工作，这个起点对于经验缺乏的我而言，无疑充满着各种困难与挑战。

为了让志愿者尽快适应教学工作，学校给志愿者们配以高年级的前辈来指导教学。还记得初识龚飞前辈的时候，前辈常告诉我二高学生的成绩会与内地相差很大，告诫我要做好努力付出后可能收获不到预期结果的心理准备，一切不要急，慢慢来。

我一开始并未把前辈的话放在心上，心想只要用心教学就一定会出成绩。但直到学生成绩出来的那刻，心中的落差油然而生，我才意识到前辈之前的劝诫。

“教学如刀刃，经久而锋，不善则钝，知情以对”，我不断反思，这一切是因为什么？自己渴求成果的急切心情？还是不了解学生学习的掌握情况？后来我也告诫自己切勿着急，学生基础薄弱是我下一步亟须突破的关键问题，通过不断调整教学方式与深入了解学生之后，我的教学压力得以缓解。

我反过来想想后来回校读研，每当自己撰写完论文稿件后，一心只想着如何尽快去投稿，却忽略了提前了解期刊的热点动态需求的重要性，这样往往会得到退稿的结果。投稿失败时，我时常会想起当时前辈的劝诫，那些过往的道理仍旧记忆犹新，“别急，慢慢来”，熟悉的声音提醒着我、告诫着我莫焦莫躁、脚踏实地。

在总务做干事时，平措次仁主任常告诉我，总务的工作很繁杂，兼顾着校内校外、大事小事，很多时候没有固定统一的对策方案，都是通过边工作边学习边总结，不会的工作不要怕，灵活应对，自然就能熟络整个流程。

每次开展新工作时，主任的话都会浮现在我的脑海，从撰写部门工作总结到管理总务微信公众号，从布置活动现场到设计校园宣传海报，从日常设备检查到项目数据分析统计，从校园工程建设监督到准备物资招标竞标会，从校园安全设施排查到食堂产品安全管控，每一个环节从未知到熟络的期间，我少不了犯错和失误，但每次平措次仁主任都是耐心地指导着我：“没事，小蔡，咱们一块来看看这个怎么解决。”这种沉着冷静、严谨务实的态度深深感染着我，它不仅给予了我更多的信心去面对每一个难题，也让我在不断总结经验的同时提升自身的工作技能，更培养了我在今后的每一种环境下，都可以保持处事不惊、遇事不慌的心态。

记得读研初期，每一次去学习新的计量分析模型与回归方法时，虽然需要去补充很多我不曾探索过的领域理论知识，这个过程需要耗费很长的时间，但每每想到主任曾经鼓励我的那些话语，“小蔡，你肯定没问题的；小蔡加油”，总是能够让我稳住心态，鼓起勇气去克服这些难关。

教室与科室两个不同的环境下，短暂的磨砺让我从慌乱与不安的懵懂初学者不断积累经验，逐步转向遇事能够沉着应对且善于自我鼓励的追逐者。这一路历练让我收获的不仅仅是宝贵的教学技能与工作经验，更多的是让我学会了在这个过程中如何勤于自我总结与思考，如何自我鼓励与踏实前行，这一切，离不开前辈们的鼓励和帮助。

在一个相对陌生的岗位上，或许是前辈们的一句加油、一句没关系、一句慢慢来、一句相信自己，往往都会给自己带来意想不到的能量。直到自己受用这一切过往所带来的宝贵经验的时候，我想对曾经帮助过自己的人真诚地道一声：谢谢！

还记得在支教快要结束的时候，我与每个代课的班级都拍了合照。当我把照片发给学生们的时候，大家嬉笑着关注各自在照片里奇怪不一的样子，那一刻的笑容是那么真诚，毫无修饰。直到后来看见学生们给我的离别留言，让我对这群孩子们的不舍更加深切。

您好，地理老师，不，应该说蔡老师，这样应该更亲切一些。

感觉时间太快了，您教会了我很多，不仅仅是知识，更多的是生活的态度，希望以后还可以再见面，谢谢您！

——洛桑云登

我尊敬的地理老师，之前我并不喜欢上地理课，但自从您的到来让我对地理有了改观，您教导我们要将学习与生活紧密联系在一起，感谢与您相遇！

——西绕措姆

首先与老师说一声，对不起，您为我们班的纪律管理操碎了心，再对您说一声，辛苦了，感谢遇见像哥哥一样的您让我们的班级更加团结，祝愿老师今后一切顺利！

——布姆

老蔡，哈哈，犹豫好久，不敢这么称呼您，但我觉得这是对您最好的情感称呼。记得当我把自己的画给您看时，您鼓励我一定要坚持这个爱好，做自己喜欢的事情，我一直记在心里，感谢您的肯定和支持，也希望您以后可以坚持自己的梦想，扎西德勒！

——普布旦增

高一一共16个班，基本上每个班我都曾带过课，这群孩子，有的被我夸赞过，有的被我批评过，或许有的也曾经记恨过我，但看着他们一字一句手写的留言，让我心中顿时觉得曾经的付出皆是值得的。他们当中有的用藏语写下祝愿，有的用画作表示感谢，有的用欢笑表示不舍，有的用伤感表示怀念。也许这一别不知何时再见，但彼此留下的祝愿会永远在心中留下印记。我想，通过影像也不仅仅是为了记录下学生们的样子，更多的是希望能够将这份记忆永久地保存，作为一种支教情感的传递。

如今，这群孩子们已经毕业，纷纷步入大学的校门。当他们给我致以电话报喜的时候，那一刻我由衷为他们感到高兴，因为他们在践行着当初许下的梦想誓言，没有放弃曾经的坚持，在一直努力着。这对我而言，何尝不是一种内心的激励，感谢与他们的相遇，感谢在彼此生命中出现可爱的人。

读研期间，我时常反思自己到底可以走多远，是选择毕业后就

蔡先哲和学生合影

找工作，还是选择读博继续踏实走下去。当我想起孩子们的笑脸祝愿、前辈们以及所有帮助者的鼓励时，在一遍遍地自我反思与选择中，我最终也找寻到了答案，脚踏实地走下去。

如果你现在问我，那里是个什么样的地方，我会说：

那里挺好的，真的挺好的！
因为那里，
能够用四季的阳光哺育格桑花，
能够用皑皑的白雪映衬珠穆朗玛，
能够用真诚与善良鼓舞人心，
能够用坚持与不懈实现梦想。
那里是，西藏林芝。

文/辽宁师范大学第二届研支团　蔡先哲

三十功名尘与土，八百里路云和月。一年又一年，五年前他们一路向西，坦言做着有意义且最难忘的事情，跨越3600千米的铁路和公路线，完成了一场珍贵的志愿西行。莫等闲，白了少年头，空悲切。西藏好吗？林芝好吗？先哲哥的回答一如既往，总是一句“挺好的”，然后会心一笑。我想，西藏的好是需要亲自去感受的，才能读懂它到底有多好。

3　尽精微，致远大

古龙先生曾在《多情环》中说过，他一生最怕两种人，一种是运气特别好的人，一种是特别勇敢的人。这句话概括了我22岁的经历。

本科毕业后，选择了一条和大多数同学不太一样的路，我至今都为自己的这个决定感到骄傲。在研究生入学新生代表致辞上，我说了这样一句话：“或许这个世界并不够完美，但它一定值得我们为之奋斗。”对于这句话，我有特别多的感悟感慨。

小时候学画画学到国画，那时的教画老师发现孩子们作画时总是急于求成，忽略细节，便向我们讲道：“尽精微，致远大。”徐悲鸿先生的格言。先生告诫要脚踏实地做好小事才能致远致大，万事万物皆是如此。

那堂课，给尚年幼的我留下了深刻印象，这6个字我一记就是15年。2015年8月在林芝二高里的第一堂课，我就给学生们立了上课的规矩，并在黑板上写下了这6个字与学生们分享勉励。现在我一看到这6个字就会不自觉想起他们。还记得在学生们离校的时候，最后一次给他们强调安全教育，他们聚过来舍不得我们离开，我说了“尽精微”3个字，学生们异口同声喊出“致远大”的情形。

我知道那是我们一年相处的默契，至今很多学生的微信签名依然是这句话，我觉得很欣慰。我一直以来都与他们保持着联系，看到他们经历高考的备战、升学的喜悦、新环境中遇到各种的问题与挑战，这些种种，不仅伴随着他们的成长，也时刻提醒我不要忘记这段特别的时光。

回想在西藏的志愿生活，并不像去之前所幻想的那样，会放慢节奏，反而由于师资力量的缺乏，每个志愿者都承担了大量的教学工作。2015 年 8 月刚到学校的时候，高一还没入学，由于教师紧缺，我先是给高二（七）班、（十三）班两个班级代历史课，后来有了历史老师，高二（九）班、（十三）班的政治老师又缺了，于是我又给这两个班级带政治课。我想，在十三班的同学心里一定觉得很奇怪：新来的老师到底是什么老师，怎么什么都教？……

后来高一正式报到入学，我们的工作也步入正轨，我担任高一 6 个班级的历史老师，平均每周 31 节课。下学期分班后又承担了高一 4 个班级的教学工作，平均每周 35 节课。

西藏和我们这边有大概两小时的时差，我们这边五六点天亮，那边是七八点天才刚刚亮。早课是从 7 点 50 分开始，上午上到 12 点 30 分开始午休，午休时间比内地略长，下午 3 点开始上课到 5 点，每周两天有个固定课外拓展课，时间是 5 点 10 分到 6 点 50 分，我负责一个舞蹈表演的课程，由于西藏那边的党团活动还有节日庆典很多，所以经常需要排练到很晚。晚上 7 点 30 分至 9 点 20 分是晚自习时间。每周上课 6 天，周日休息，现在看来是名副其实的 896 工作制。

作为一名高一的历史教师，我发现很多升入高一的学生以前完全没有接触过历史，因为中考不考历史，所以当地很多初中根本不开历史课。

许多完全没学过历史的学生连朝代都弄不明白，更别提让他们一下子就理解一个事件了。因此我从朝代顺序讲起，不断地引导和鼓励，在教学中尽可能多地与同学们互动，让他们感受到历史课的魅力，爱上历史。

在教学过程中，每一节课我都充满热情，同学们从初中没有接触过历史课，到后来能够熟练掌握历史书中的知识点，我觉得很有成就感。如果说教学过程中遇到什么难题，那毫无疑问就是藏族学生一个共同的特质：过于害羞。

往往抛出一个问题，如果是全班一起进行回答，那么声音是无比响亮，然而一旦只喊起来一名同学回答，便是一个尴尬而漫长的过程。他们由于不自信，或者说缺乏表达的勇气，往往不敢回答或者声音极小，很多当地老师为此也很苦恼。为了帮他们克服这个障碍，我要求我所教班级里每天一名同学，在历史课上课前 5 分钟为大家进行历史相关故事、人物的课前分享，将自己感兴趣的、最近正在阅读的历史话题，通过与大家分享的形式大声说出来，以此改变他们不自信的通病。通过一学期的实践，6 个班级课前分享模式已经渐渐成熟，过程中能明显感觉到学生们的改变，不再像以前一样不敢发言。后来这也成为同学们了解课外历史知识的一个途径，在我支教结束离开二高之前，我的这个“课前分享模式”被很多老师认可并应用到他们的课堂上。

在支教服务期内，我们是不允许外出的，赶上节假日，偶尔会受到学生家长的邀请，才能得到一些外出家访的机会。

西藏农牧民家孩子普布旦增是高一（十五）班的班长，他热情、懂事，去他家里做客，能看出他的家庭给予他影响很多。她的妈妈好客善良，汉语说得不好，总是备好好吃的饭菜，在一边温柔地微笑。

爷爷是米林乡有名的响箭射手，时常讲述他狩猎的真实经历，充满了传奇色彩。普布旦增的父亲由于在外务工，我们此行没能见到，但在男孩的讲述中，父亲的为人处世对他影响最为深远。

那一次的家访使我确信，学校教育是一方面，家庭教育对一个孩子的为人与性格也具有极其重要的影响。

在家访之旅中，我积累了许多的感悟心得。其实对于来支教的我们来说，个体在大环境中还是太渺小。在这片略微有些特殊的土地上，藏族的农牧民子女享受着国家的三包政策与补贴，市场经济的特质也赋予了他们和时代一起富起来的机遇。当今的西藏绝不是内地大多数人眼中那个落后愚昧的地方。就比如我们刚刚到这里的时候，林芝地区的八一镇刚刚升为地级市。

与藏西北的严寒缺氧高海拔相比，这里植被覆盖相对丰盛，被

赵玉婷在林芝二高操场弹吉他

誉为西藏气候最宜居的地方。虽说看市中心就能看出一个城市的发展和风格，林芝市在内地不过是一个普通的二三线小城市，但对于一个地处我国西部地区的高原城市，它的物质条件足以让一个刚毕业的学生心甘情愿地留在这里。

虽然这里空气稀薄，上一层楼都会喘半天，高强度的工作，使我发生过两次低血糖晕倒，以及发烧感冒半个多月都好不了的事实，但在这里一年的生活，我不知道什么是雾霾，这里要么是雨季连绵不断的雨水，要么就是天高云淡的晴天。

只是在纯净的空气雨水、美丽的雪山湖泊背后，在政策的优越福泽与经济的快速发展过程中，成长起来的这个西藏，依然存在很多观念落后的问题。藏族学生高考政策的加分，使他们三四百分就能够上内地考生五六百分都上不了的大学，但真正能走向名校高校的学生仅仅是一小部分。

学生的基础太差了，就拿我接触到的 6 个高中班级来说，班级里一大半的学生从未学过历史，甚至以为他们看过的古装剧就是历史。除此之外，学生动辄退学、不想读书回家做农牧民的事例屡见不鲜。前一天上课刚讲过的知识点，第二天再问根本反应不过来，甚至忘得一干二净的情况也不在少数。严重缺乏人生规划，对未来毫无想法。甚至个人卫生问题无意识解决的事情也一一存在。不过，相信我列举的这些问题也并不是这里独有的问题，经济基础决定上层建筑，凡是发展相对落后、教育相对缺失的地方都存在类似“读书无用”的观念与声音。

学生的淳朴、懂事，还有真诚的笑容，常常会出现在我的脑海里，当然他们的叛逆、小心思还有不尽相同的小个性，也时常给各科老师增添不少烦恼。但这些大概是天底下所有的老师，与这些青葱岁月的少男少女的日常相处中必然面临的问题吧。

一年的支教生活早已结束，我也即将毕业，并开始新的人生进程。然而每每想起在西藏奋斗过的这一年，满满的都是收获和成长。西部计划的志愿者们有一个口号："用一年不长的时间，做一件终生难忘的事情。"一切经历都是修为，觉得值得的就是荣耀，一年不长，终生难忘。来西藏支教，就是我生命里荣耀的事情。

文 / 辽宁师范大学第二届研支团　赵玉婷

在多数人眼里，西藏是一个可以放慢脚步的地方，慢慢游走，慢慢生活。可在西藏支教过的人都知道，生活并不能放慢脚步，而且还要加速前进，因为当地师资力量的缺乏，志愿者们承担了大量的教学工作，用现在流行的话说已经是 896 工作制了！志愿者们并不会因繁重的工作累垮，她们享受能够帮助他人的乐趣。玉婷姐在我心里一直是闲不下来的人，也是一个很享受生活的人，无论酸甜苦辣她都能从容应对，一起来听听她的志愿故事。

4　一年那么短，意义那么大

作为全国第十七届（辽宁师范大学第二届）研究生支教团的成员，我于 2015 年 7 月到 2016 年 7 月在西藏自治区林芝市林芝第二高级中学进行了为期一年的支教。如今，离开那个留给我无数美好回忆的地方已有将近 3 年时光，但回忆起来依然记忆如新。

2015 年 7 月 22 日，我从沈阳出发，搭乘 K1520 次列车历经 43 小时 44 分钟到达西宁，再次乘坐 Z21 次列车于 7 月 26 日到达拉萨，坐上专车前往西藏大学进行为期一周的培训。7 月 30 日早上 6 点 30 分，我再次乘坐专车前往支教服务单位林芝市第二高级中学。

一路上，警车开路，汽车行进在山与山之间的曲折小路上。望着窗外美丽的景色，感叹大自然的鬼斧神工，想着脚下在绵绵高山中开辟出来的道路，敬畏人类的智慧与勇敢，忽然间领悟到“哪有什么岁月静好，不过是有人在负重前行”的深刻意蕴。在林芝郊区的公路上，3 个藏族小孩子热情地向我们招手，那笑容开朗淳朴、无所顾忌。在汽车的颠簸中早已身心疲惫的我们，被孩子们的笑容莫名戳中，那一刹那，我觉得自己属于这里，属于这个西部高原。

8 月 17 日，经过半个多月的安顿与适应，支教生活走上了正轨。由于高二年级急缺政治教师，因此我被安排到高二年级 3 个藏文班教政治课。这 3 个班共有 173 个孩子，每周需要完成 32 节课的教学任务。这 173 个孩子有着从 2 个字到 6 个字长短不一的名字，甚至每个班还会有相同名字的孩子，只能在名字前加上“大”“小”来区分。

从走上讲台的第一天起，我就下定决心一定要记住每个孩子的名字，在我看来这是作为一名教师对学生最起码的尊重。但面对这么多很复杂的名字，我真觉着这是一件不容易做到的事情。于是，每天上完课后，背他们的名字便成为我的必修课。一个月后我终于能够把名字和每个孩子对号入座了。当我不用点名册可以随口叫出每个孩子的名字时，他们的眼神里是充满着惊讶和喜悦的。

由于各种客观原因，西藏孩子的基础知识是比较薄弱的：已是高中学生的他们，很难将 26 个英语字母流利地背出来；每一个英语单词上都标记着汉语的谐音；很多孩子甚至会问“−5”和“3”哪个比较大……初次接触难免会对这些感到惊讶，但仔细分析也不难理解，藏语是他们的母语，对于他们来说，汉语和英语都属于外语，加上基础教育阶段知识的脱节与闭塞，出现这种结果也不出乎意料。

对于他们薄弱的基础知识，我知道自己能力十分有限，不可能从根源上解决问题，但是作为一名支教老师，我有责任尽最大努力为他们做一些事情。

于是，每天晚上 9 点 40 分晚自习下课后，我都会在年级组的办公室等着他们来提问。他们的问题涉及英语、数学、地理、历史等，还会跨度到初中，很多知识点我自己都忘得差不多了，那种情况下，为了保持一个老师的权威和形象，只能牺牲休息时间和他们一起学习。

看着学生每天都在进步，即使自己再苦再累，也会觉得这一切都是值得的。他们也常常以一副骄傲和自豪的样子向别的班的学生炫耀：“我们班的政治老师不仅会政治，还有英语、数学、历史……她会好多东西呢！”

为了孩子们能够很好地理解和吸收课堂上的内容，我常常从和学生的聊天中收集一些他们熟悉的例子应用到课堂之中，为此每天都做课件到凌晨。但尽管如此，在第一次测试中，满分 100 分的卷子，他们的平均分也只有 40 分左右。

那个时候我觉得自己辛辛苦苦地备课、讲课全都白费了，一边判着卷子一边气得直哭，并且在第二天的课堂上狠狠地把他们说了一顿。他们每个人都低着头，不敢吱声，因为他们从来没有见过一向待他们如姐姐般的政治老师会发那么大的火。就在这个时候，班级里一个平时很乖的孩子站起来，低着头委屈地对我说：“老师，您别生气了，我们高一的时候政治都考 20 多分，现在已经有很大提高了呀！”听到这话，我不知道应该欣慰还是痛心。我仅仅是希望他们能够考上理想的大学，希望我在那里的一年能对他们有所改变，哪怕是一点点。

对于西藏的孩子而言，心灵的教育更能够产生效果。所以，在下课的时候，我会经常和他们坐在草地上、操场上聊天，聊他们学习的事情、生活中的事情、家里的事情……因为年龄和他们相差不大，因此他们会经常把自己的心事说给我听。

他们课上管我叫老师，课下就会管我叫姐姐。由于交通闭塞，很多离家较远的孩子只能寒暑假回家，有时候我会在教职工宿舍里做好饭菜，和那些不能回家的孩子们聚餐，或者给他们送到宿舍。虽说我做饭不是特别好吃，但看到他们吃得很开心的样子，心里还是充满成就感的。功夫不负有心人，整个高二年级的 4 次期中考试、

考入大连海事大学的学生

高玉旭和学生合影

2 次期末考试，我所任教的 3 个班级在高二年级的 7 个文科班中均排在前 3 名。

时间在一分一秒中溜走，一年的支教生活转瞬即逝。在即将离开的时候，孩子们眼中都充满着不舍，他们经常对我说希望我留下来，和他们一起过完高三。在最后的几节课上，我们常常眼含热泪，我告诉他们一年后考上内地的好大学，我一定会去看他们。我们彼此祝愿，期待日后的相聚。

2017 年 6 月中下旬，孩子们陆续查到自己的高考成绩，超过 95% 的上线率，这意味着这些孩子不用再延续父辈在田地里辛勤劳作的生活了。很多孩子发微信兴奋地告诉我高考分数，诉说着自己要去哪个大学的时候，我比他们还兴奋。一个身高超过一米七，平日里坚强乐观，还有些调皮的大男孩在得知自己的分数可以去理想的大学时，在微信里用颤抖的声音很深情地说：“老师，谢谢您，如果不是您在的那一年不断地鼓励我、教导我，我早就不念了。我问的问题再简单，您都不会嘲笑我，都是耐心地告诉我。老师，真的谢谢您。”我把这些话反反复复地听了好几遍，这不就是教育的真正意义吗？可能无法看到立竿见影的效果，但只要用静待花开的耐心去培育、去等待，便会收获精彩。如今，那些孩子已经是大学二年级的学生了，他们还会经常与我联系，诉说着他们的进步与成长。

一年的支教生活已成为我一生中最美好、最珍贵的回忆，纯朴单纯的孩子们使我感受到人性的真善美；一年的支教生活使我领悟到作为一名教师的责任与使命，为即将走上讲台的我打下了坚实的基础；一年的支教生活更会在他们心中播撒下爱和希望的种子，使他们将爱和希望传递给更多的人。

文 / 辽宁师范大学第二届研支团　高玉旭

支教一年，自教一生。每一届支教老师都只是单纯地想讲好每一节课，不愧天地不愧本心。玉旭姐曾跟我聊及支教的意义，她说：“我们手中执着的粉笔、拿着的书本，都关系着西部可持续发展的未来。”是啊，扎实地上好每一节课，批好每一份作业，回答好孩子的每一个问题，都是我们的应尽之责、使命所在。

5　雪域精灵

2016 年 8 月 5 日，到达林芝；2017 年 7 月 15 日，离开林芝。

未来之前，并不知道林芝有冗长的雨季和鲜活的桃花；离开之后，也不曾忘记一张张黝黑的笑脸抹着眼泪跟你道别。

离开林芝已经两年了，聊至深处还是会情不自禁地想念。支教是一个年轻老师的人生必备修行之一。重要性不仅仅是对于支教地的学生而言，也同时是对于一个大学刚毕业的“老师”而言。当有这样一个机会摆在面前，便会义无反顾。

林芝的冬天是深入骨髓的冷，林芝的热情却是难以抑制地奔流。

二十多岁的年轻人，满怀一腔热血，自诩要成为一个个性十足的新时代老师，跟孩子们打成一片，与孩子们“教学相长”。

考试对于学生而言是缠绕在身的梦魇，但是当没有监考老师的话，就立马变成了一场狂欢和盛宴。记得那是一次被安排在晚课的月考，因为是第一次月考，所以我比学生还要紧张他们的成绩。但恰恰在这时候出了点小问题，十二班的监考老师因为送学生去医院，使得整个十二班的考试变成了“盛宴”。当时我并不知情，在后期批改卷子的时候，发现整个班级的同学成绩远远地高于我教的其他班。出于老师的直觉，我便在办公室调了一下当晚的监控（因兼电教办公室实习干事，主管监控）。不出所料，班级考试乱成了一锅粥，有的卷子甚至能从第一排传到最后一排。当时的感觉并不是震怒，毕竟只是十几岁的孩子，换做是自己，甚至比这样还过分吧，我于是酝酿着如何给学生们一个终生难忘的教训。

隔日白天上课，讲解卷子时，故意提起班级成绩优秀，还着重表扬了一些在课堂表现一般但成绩优秀的学生，然后把卷子发下去，按照课程安排讲解卷子、预习课程。当到了晚课的时候，老师拙劣的演技开始：“大家成绩考得很好，所以为了以示鼓励，给大家看个视频吧。”讲台下顿时掌声雷动，欢声笑语。当屏幕上放出昨日晚课无声的监控视频时，台下鸦雀无声，一个个低下了头。十几分钟的视频，像是放了半个世纪一样。随后并无多言，只是说还有 20 分钟的时间，拿出两张稿纸，我需要一份检讨书。直到课程终了，我也并未多言，收走一摞厚厚的检讨书，便去其他班上课去了。

赵敬轩和学生合影

本以为此事就此终了，但并未如此。当晚课结束后，我回家下楼时，发现整个十二班的孩子排着队，含着泪在办公室楼下等着我。“老师，我们错了。”“老师，你别生气了。”“我们再也不敢了。”此起彼伏的喊声夹杂了哭腔在茫茫夜色下格外的明显。40 多个孩子，朝夕相伴，突然之间的哭腔和委屈让自己也一时间无所适从……

可能对于内地的学生而言，不过就是一次集体作弊而已，仅此罢了，检讨书书面认错就可以了，无伤大雅。可是对于这些精灵而言，他们只会单纯地认为，仅仅这么一次，老师就变得不信任他们了。而且无言生气的实质是对于作为老师的我最大的伤害。

一年的朝夕相处过后，单单论藏族学生和内地学生而言，最大的差异性可能就在这里。雪域精灵更加单纯。纯净如天，纯净如水，单纯的人际交往，单纯的社会化，使得这里的一切都像是纳木错的湖面一样干净无暇。孩子们会在你上了一上午课以后，偷偷地拿着你的水杯去办公室给你续上温水。他们会在你感冒咳嗽的时候轻轻地问候道：“老师，这节课你小点儿声音说吧，我们不闹。”早自习前，小脏手拿着沾满老干妈的花卷递过来：“老师，你快吃点早餐再上课吧，这个特别特别好吃。”边说着还能再往自己嘴里塞两口，生怕没吃完就赶上上课的铃声……这样的场景在一年中经历的次数数不胜数。

人言道“大美西藏”。西藏真的是无与伦比的美。沿着朝拜者的足迹，走入那古老而遥远的神山传说，感受圣湖广阔静谧的美，游览金碧辉煌的名刹古寺，欣赏源远流长的民间艺术。经幡高高悬挂于风口，在蓝天下迎风招展，像道道彩虹装点着圣洁的巍巍雪域净土。蓝天白云，冰川森林，碧湖雪山，风景绝伦。湖水清澈见底，游鱼如织；四周雪山倒映，情趣盎然。

身为志愿者真正地经历过，才能扪心说道：“西藏固然美，但大美还是人心。”

文 / 辽宁师范大学第三届研支团　赵敬轩

大美西藏，美在人心。我问敬轩哥为什么要去西藏。他笑着说，

就是想来，没有特别的原因。从小特别向往西藏，正好有机会就争取来了。他经常用“雪域精灵”4个字来形容他的学生，这些精灵们虽然调皮了一些，但孩子们清澈的眼睛是他在高原待下去的最大动力。他说，他要把自己所知道的一点一滴都教给学生，能多教一点是一点，这就是他此行的目的。精灵，美哉；格桑，亦美哉。

6　牵系林芝

离开林芝的那天，把电脑里324个文件夹和近千张照片剪切到了不常用的硬盘里。

以为回到原本的学生生活就可以忘却这群黝黑的笑脸。

离开两年，闭眼可以清晰嗅到曾经办公室里机器的味道，听到教室里孩子们嘻哈的声音，记忆终未淡去。

而那是我想要再次登上的、念念不忘的纯净热土。

林芝，海拔3000多米的恬静小城，人车不多，马路崭新宽阔，热情的锅庄舞，绵延300多千米的尼洋河少有泥沙的清澈。5300千米，60个小时西行的列车在2016年8月5日将我定格在林芝第二高级中学，我是高一年级的汉语文老师兼历史老师，也有人亲切地称我为“教务处小孙”。我也是辽宁师范大学第三届研支团的一员，厚德博学、为人师表的母校情怀时时跟随。离开前夕，是暑假的开始，跟每个班级合了影，孩子们都为我准备了告别仪式，一天泪洒3个班级，这个我站了一年的地方，说不尽……

拿起相机拍下了自己收拾干净的办公桌和公寓宿舍，和办公室领导交接了工作，将孩子们写的信带走，朋友圈刷屏告别……在二高的这一年体重前所未有地大幅下降，大概是我对孩子们和我爱的事业投入太多的感情、期许和力气。

在林芝的日子里，藏族孩子的羞涩大胆，带给我不一样的感受，但总有暖心的点滴支撑着我的精神世界：哑着嗓子讲课会有孩子悄悄送上热水；孩子们看到我生病会把自己珍藏的藏药分一半给我；上课叫“老师”下课叫“老姐”、大老远大呼小叫地打招呼；书上桌上刻着“大学梦”的字样，等等。

在这片纯净的山脚下遇见这群纯洁善良的你们，很惋惜没能当上班主任，因为我怕自己舍不得离开你们，怕从未有过的那份感动和担当。

少数民族地区能到学校求学的孩子是幸运的。我和孩子们的关

孙雪霏带领西部计划志愿者宣誓

系是从课间发展到课堂，他们嬉笑打闹时，我大多在准备下一节课的内容或是批改卷子。在改卷子期间他们围绕着我，惦记自己的对错，交流间，孩子们对老师的防备就会渐渐减弱，在平等的状态下沟通学习，交流问题才更易解决。

孩子们大多来自农牧区，是大自然的孩子，课堂里他们腼腆的下面充满逆反。犹记得，次邓措姆——倔强的一位女生，从来不用正眼看待任何一位老师，学习成绩奇差。因为师资缺乏，我担任高一年级的语文和历史老师，负责文科班级，出现频率极高。刚开始上课她不耐烦地小声嘀咕：“怎么又是你来上课。”我下课单独找了她，给她看了内地的视频，在操场上聊了很多才得知家里反对她上学，农活干不完，给她的压力很大，加之她成绩不好，双重压力，破罐子破摔。寄宿孩子的心理问题是提高成绩需要关注的因素之一，通过一年的关注、关爱，她当我是姐姐，走的时候她是唯一抱着我哭的孩子，她也是在历史最后一次考试中成绩第一的孩子。

在回到母校读研的日子里，对于藏族学生“难沟通”“惧交流”这种情况我查阅了很多资料，想进一步求证孩子们汉语文学习中的劣势，如果还有机会能成为支教老师，我想变成他们的“亲妈”挨个儿揉圆搓扁名正言顺地揍一顿，然后继续“上课”“起立”“老师好”。这几年西藏的素质教育水平不断提升，受教育意识逐渐增强，我回来之后经常收到孩子们发来的微信，他们提到自己越来越爱学习了，因为想考大学。尤记得一位叫扎西朗加的孩子给我写的一段话：“孙老师，还有两个月我就要高考了，我一定要考上内地排在前面的大学，然后回来把我们西藏建设好，我还要带着我的小伙伴们跟我一样，一起回来！”

原来，建设大美西藏在每个孩子的心里深深烙印。

2019 年 6 月 7、8 日是孩子们高考的日子，殷盼他们金榜题名。

文 / 辽宁师范大学第三届研支团　孙雪霏

我知道支教这件事不止有研支团，还有很多人、很多团队为之奔走，为之努力，为之牵挂。我们所做的是呼吁更多的人关注教育资源匮乏的地区，去投身这项平凡却伟大的事业；我们所期盼的是在所有人的努力之下，能给这里的孩子带来真真切切的帮助，甚至把不可能变成可能。听雪霏姐姐说，原来班里只有不到 10 个学生想考大学，现在有一半的孩子敢举手告诉老师：我要上大学！我想，这便是支教的意义。

7　我们的话剧上“央视新闻”了

2019 年 3 月 28 日，当我通过网络收看正在拉萨布达拉宫广场举行的庆祝西藏民主改革 60 周年大会时，藏族学生手持五星红旗不断挥舞的画面让我的记忆回到了两年前的今天。

2017 年 3 月，还在西藏自治区林芝市第二高级中学支教的我，参与到学校团委庆祝西藏和平解放 66 周年、西藏百万农奴解放纪念日设立 9 周年的活动策划中。前期我们把活动的主题确定为：“勿忘历史，永远跟党走！好好学习，建设新西藏！”但是讨论到活动形式

话剧《苦难农奴得解放》

的时候几位老师就有些为难了，朗诵、合唱这些普通的活动形式这学期都已经在不同的活动中采用过了。

如何能够通过师生喜闻乐见的形式，既能够加强学校师生反分裂斗争教育，又能够引导学生深刻认识旧西藏政教合一的封建农奴制社会的反动性，激励学生坚定跟党走的决心和信心，让活动取得良好的效果，经过反复的商讨，最后决定选择话剧表演的方式来进行。这样一方面在排练过程中增强学生的团队凝聚力，让学生共同回顾黑暗旧历史，另一方面通过话剧表演的方式为这些原本就能歌善舞但是又羞于表达的孩子们提供一个展示自己的舞台。

经过初赛的选拔，共有 11 个剧目进入决赛。时至今日，孩子们当时站在舞台上神采飞扬的样子还历历在目。

话剧《农奴泪》

高二（十一）班的《苦难农奴得解放》是整场话剧表演比赛中唯一的哑剧表演，也是令人印象最为深刻的。故事的开端由两位同学扮演的奴隶主和奴隶主夫人在自己广袤的田野前展望着自己未来富足的生活，脸上表现出的是满足。紧接着农奴主看见不认真干活的奴隶，一气之下叫来了管家和下人对奴隶们一顿暴打，一阵惨绝人寰的折磨。最后在解放军的解救下，农奴们得到了解放，农奴感谢解放军帮助他们逃离水深火热的农奴生活，从此西藏人民过上了幸福安逸的生活。

这场哑剧，用无声的方式展现了旧西藏农奴们曾经的悲惨生活，通过同学们的肢体表演，让观众们深刻体会旧西藏农奴制的黑暗时代。很多同学看着节目的同时都流下了眼泪，仿佛自己就是曾经那段黑暗时代生活在社会最底层的农奴。随着结尾解放军解救了农奴，表演达到了高潮。

高一（一）班的《农奴泪》也是比赛中的一个亮点，他们整个节目中没有展现西藏人民翻身得解放的过程，只是把当时农奴们生活的悲惨经历做了诠释，进行了完整的再现。这个节目内容完整，剧情紧扣，把农奴们水深火热的生活展现得淋漓尽致，最后由小农奴被奴隶主折磨致死来收尾。结局是悲惨的，是让人心感悲痛的，但这个节目的表演，让同学们深切地感受到，现在的生活是来之不易的，拥有这么美好的生活环境，应该感恩，应该在学校里好好学习，回家后好好孝顺父母，以后进入社会要好好报效祖国，把自己的光和热贡献给社会，回报社会。

通过这次形式活泼、新颖，覆盖范围较广的校园文化活动来庆

话剧《农奴泪》在中央电视台《新闻直播间》播出

王磊和话剧演出学生合影

祝西藏和平解放、庆祝3·28西藏百万农奴解放纪念日设立，让同学们重新回顾了那段历史，带动学生们积极参与其中的同时也让他们在独立进行话剧编排的过程中培养彼此之间的默契，提升了班级的凝聚力。

新颖的活动形式、精良的节目内容，让主题话剧表演活动先后受到了中国中央电视台新闻频道、中文国际频道、央视网、林芝市电视台、林芝市广播电台、中国西藏林芝网、西藏林芝教育网、《林芝报》等国家级、自治区级和市级媒体持续报道。当学生看见自己表演的节目登上了中央电视台央视新闻时那种腼腆的微笑是青春最美的笑脸。

“勿忘历史，永远跟党走；努力学习，建设新西藏”，通过3·28的系列活动，一方面展示了林芝市第二高级中学大力推进素质拓展课程的成果，另一方面也表达了全校师生牢固树立“讲党恩爱核心、讲团结爱祖国、讲贡献爱家园、讲文明爱生活”的意识，做好社会主义新西藏的建设者和接班人。

当天全校的学生在操场上观看庆祝百万农牧解放纪念日话剧，虽然孩子们表演得不是很专业，表演穿的服装不是最华丽的，道具也多是自己动手制作的，甚至还有些粗糙，但孩子们表演得很投入、很用心，给全校师生带去了深刻的感受，让孩子们都深深体会到在旧西藏残酷的现实生活下，农奴的悲惨人生和现在幸福生活的来之不易。活动进行后很多孩子都说：“我要努力学习，学好本领，长大了回报祖国，建设家乡。”甚至有些孩子在说高三报考的时候自己要报军校，铭记历史、珍惜当下是孩子们最深的体会。

回顾那段悲惨的历史，正是中国共产党领导了百万农奴彻底推翻了万恶的封建农奴制度，饱受旧制度摧残的百万农奴翻身获得解放，真正成为掌握自己命运的主人，从此西藏进入了历史发展的新纪元。西藏民主改革 60 年后的今天，西藏改革开放的浩荡东风，谱写着社会主义建设的宏伟乐章，这些在舞台上熠熠生辉的少年们、这些沐浴着灿烂阳光的雪域儿女们团结奋进，逐渐成为创造奇迹的栋梁。

没有共产党就没有新中国，经典的旋律不绝于耳、久久回响……

文 / 辽宁师范大学第三届研支团　王磊

这是林芝二高首次在中央电视台新闻频道（CCTV 13）《新闻直播间》栏目亮相，镜头聚焦在庆祝百万农牧解放纪念日话剧比赛上。这个活动还在中国中央电视台新闻频道、中文国际频道、央视网、林

芝市电视台、林芝市广播电台、中国西藏林芝网、西藏林芝教育网、《林芝报》等国家级、自治区级和市级媒体持续报道。磊哥每次讲起他带着学生们排练话剧的一幕幕，都能看到泪花湿了眼眶，他说当学生看见自己表演的节目登上了中央电视台央视新闻的时候，那种腼腆的微笑是青春最美的笑脸。

8 路从心开始

到西部去，到基层去，到祖国最需要的地方去。正是伴随着这样的口号，我们跨过9个省份，来到世界屋脊、大美西藏、醉美林芝，开展我们的支教工作。最初的印象是：来到这个陌生的地方，看着身边既陌生但又亲切的志愿者，我们说着不同的方言但又做着同一件事情——志愿服务。

遇　见

与林芝的第一次相遇是在2018年夏天，那时正逢林芝雨季，几乎每天都要下一阵小雨，这对于我这个土生土长的东北人来说还是挺新奇的。经过两天丰富的培训，我们终于可以前往支教学校——林芝市第二高级中学。

学校位于林芝市的市区边界，坐落在尼洋河畔，沿途可以看到尼洋河清澈的河水。到达后，我们在学校的安排下，住进了教师公寓，也是往届研支团的宿舍。师哥师姐留下的痕迹让我对未来一年的工作充满了期待。

不久，学校对我们的任教科目进行了安排，我被安排担任高一的数学老师，恰好和我的专业契合。为了达到更好的教学效果，我早早地拿到了教材，并开始了备课工作。与此同时，学校在援藏教师团队的帮助下，开展了针对学校教师的校本培训活动，几位来自清华大学附属中学的优秀教师为大家分享了他们教学工作的点点滴滴。其中一位老师提出了一句让我印象深刻的话：“因为身在，所以深爱。”这句话一直激励着我做好每一件工作，备好每一节课。

去高一年级报到的前两天，学校安排我临时担任高一（二）班的班主任，主要的工作就是负责开学初迎接高一新生的工作。想到即将迎来一群朝气蓬勃的高一新生，我内心既紧张，又兴奋。因为刚刚走进教学岗位还没适应角色变换，就要成为班主任而感到紧张，还因为要见到即将奋斗在高中时期的孩子们而兴奋。就在报道的前一天，可能是迟来的高原反应，也可能是过于兴奋，我的体温烧到了 39 度，为了不影响第二天的迎新工作，“战友们”给我买了一些药，休息了整个下午，好转了很多。就这样，在紧张、兴奋和高烧中，我和孩子们相遇了。

、　那天天气特别炎热，还在高烧的我却仍然觉得有些冷，于是我为自己多加了层衣服。在签到处等待没多久，班里第一个报到的小帅哥来了，他腼腆地走到我面前问道：“是……在这里报到吗？” 犹记得当时的青涩，我激动地回答他：“对！就是在这里，你叫什么名字？把你的录取通知书给我看一下。”接着，我手忙脚乱地按照要求一步步地进行报到登记。不知不觉来报到的学生已经排了很长的队，不时就会有家长过来询问学校的各方面情况。就这样一个接着一个，一天的报到工作结束了，我们的故事也慢慢开始了。

感　动

尽管只是临时的班主任，但我很珍惜和孩子们相处的时光。刚开学的工作总是很烦琐，尤其对于我这个毫无工作经验的班主任来说，于是向老教师请教问题成了我的日常任务。我从没觉得累，相反，每当我走进教室，看到孩子们天真纯洁的眼神时，就感到无比自豪。

受大学学生工作的影响，我特别喜欢和孩子们谈心，遇到淘气的孩子，会叫到办公室和他谈心。班会上，我喜欢给他们讲一些励志故事。每当他们犯下错误的时候，我总会在办公室生闷气，等调整好情绪再过去和他们进行说教，但没等我张开嘴，他们就害羞得低下头。是的，藏族的孩子们就是这么害羞、单纯。还记得在他们入学考试之前，我给他们讲了几道数学题，每当我提出一个问题时，他们都异口同声地回答，但当我单独提问其中一位同学时，他们总是扭扭捏捏，很小声地回答。

“幸福”的日子总是来得突然，离开得也突然。新生开学两周之后，我的临时班主任工作结束了。我至今还记得与孩子们告别时他们的不舍，甚至在班长的带领下，他们每个人写了一份小纸条希望我继续做他们的班主任。但是我深知自己经验不足，继续带也许会害

郭欣阁踏上通往西藏的火车

了他们，所以我最终还是选择离开，那一晚我彻夜难眠。

为了拓展孩子们的视野，学校组织教师开展了一系列拓展课。和孩子们接触越深，越能感受到藏族孩子的腼腆，于是我开设了一门《辩论的艺术》拓展课。虽然报名的同学不是很多，但每一个孩子都很认真和专注。几节课程之后，我安排了几场模拟辩论。最初他们依然很腼腆，让我欣慰的是几场辩论下来，他们变化了很多，甚至有些都“能说会道”。

不知不觉，距离我们支教结束只剩下短短的3个多月。现在的我都有些许的不舍，也许这就是教师的魅力所在，也是志愿服务的魅力所在。“春蚕到死丝方尽，蜡炬成灰泪始干。”只有这句千古名句才能表述我心中身为教师的职责，既是赞美，亦是对奉献精神的歌颂。这不禁让我想到我校的张贞慧老师，她用一生诠释了什么是奉献、什么是志愿者。作为曾经的辽宁师范大学张贞慧义工站的一员，我也要践行“张贞慧精神”，更要践行“奉献、有爱、互助、进步”的志愿服务精神，服务祖国，服务西藏。

文 / 辽宁师范大学第五届研支团　郭欣阁

一年前，欣阁还在大学校园奔波于学校的学生工作；一年后，他已经坐上通往西藏的列车去雪域高原实现儿时梦想。曾听他说起，刚去时非常不适应教师这个角色，有时甚至都会模仿记忆中高中老师的模样，严肃认真。当自己真的来到高原，面对台下的“小红脸蛋”，才知道自己已经是他们的“家长”了。清华附中援藏的罗校经常在我们支教团的耳边说一句话——“因为身在，所以深爱”，每一个辽师大研支团的成员，都深深爱着这片沃土。

9 雪域行一载，藏情系今生

——致我最可爱的雪鹰九班

作为一名师范生，我从未想过我的教师生涯会在这片距离家乡几千公里外的雪域高原开始。可细细一想，人生绵绵数载，要有多幸运，才能用这一年不长不短的光景，与这片净土重叠交映。

2018 年 8 月 21 日，我迎接到我的第一批学生，林芝市第二高级中学 2018 级九班的 54 名新生。九班是藏文班，学生大多都是来自藏区农牧民家的孩子。我不懂藏语，担心和孩子们在沟通上遇到困难，可出人意料的是，学生们日常交流虽然都带着一些生硬的藏式口音，但并不影响我们交流。

藏族的孩子们远比我想象的开朗活泼。班上的开心果是一个来自米林县的男孩，名叫索南多吉。一开始，总会有任课老师向我反映，课堂上一个额头大大的男孩实在太过活泼，老师刚刚抛出一个问题让大家思考，他就总能脱口而出一个不大靠谱的答案，惹起全班一阵哄笑。其实，课堂上的氛围活跃一些倒也不全是坏事，可索南多吉的伶牙俐齿，在自习课上更是发挥得淋漓尽致。为了防止他和男生说话，我特意安排了 8 个平时安静沉稳的女孩子将他的座位团团围住，想借此断了他唠嗑的源头。可不出两天，他就会将那几个平时看起来不善言谈的小姑娘变成自己的知己好友。

凡事都有两面性，慢慢接触一段时间，我发现索南多吉的头脑十分灵活，而且他那超强的沟通能力在藏族孩子中实属少见。因此，在确定班委组成时，我放心地让他担任班上的纪律委员，负责班级的课堂纪律。记得宣布他成为班级的纪律委员后，索南多吉课下叫住了我：“老师，我知道我平时上课爱说话，我是纪律委员，以后不会这样了，我也会告诉大家不要乱讲话。”说罢，索南多吉有点不好意思地一咧嘴，挠挠头，闪身回到班里，不见了踪影。

大多数孩子对于外界事物的表达方式总是含蓄而内敛的。当你上课提问到他们时，他们往往不会像内地的孩子那样立刻起身，侃侃而谈，而是要在椅子上磨蹭好久，仿佛有一种神秘的力量将他们按在椅子上，无法动摇。他们缓缓起身，一同带着前后两张桌子、椅子摩擦地面的吱嘎声，努力站好，然后下一个动作，保证是挠挠头，用乌黑黑的眼睛小心翼翼地望着你，仿佛那问题的答案就写在我的脸上和衣服上。

一开始，我经常会怀疑自己，是不是没有和大家讲清楚、说明白，所以他们才会犯这样或那样的错误。后来我才意识到，我说的，孩子们其实都懂，只不过，那天性爱玩的孩子们，总会在他们玩得不亦乐乎时暂时忘掉那些条条框框的规矩。记得有一次因为几个同学的作业没有按要求完成，我十分严厉地批评了他们。当时在办公室，学生们只是低着头，默不作声，看起来倒像是我自己在演独角戏。不过，我也没把这事太放在心上。直到第二天上课前，我在讲台上发现了一张小小的纸条，上面用黑色的签字笔歪歪扭扭地写着几个字：“老师，对不起，我们下次一定好好写作业，你不要生气了。”我抬头望向那几个昨天被我批评过的大男孩，他们又做出了那个统一而标准的动作——挠挠头。

害羞时，男孩子们酷爱挠头，女孩子们则是爱用一切可以挡住脸的东西把脸挡住，哪怕挡不住，也要假装挡得住，好像这样的遮挡会给她们一些安全感。课余时，经常会有三五成群的小姑娘，在校园见到我，会兴奋地问候：“杨老师好。”当我笑着向她们回“你们好”时，她们就会低下头，手抓着额头，挡着脸，笑着一起跑开。

都说少数民族的孩子能歌善舞，而藏族人最爱的就是放上一首欢快的藏歌，大家围成圆圈，绕着篝火，跳起锅庄舞。去年中秋晚会结束后，距离学生归寝还有一段时间，广播里放起了欢快的曲子，我虽然听不懂藏语，但大抵也可猜出，就是些吉祥祝福的话语。主席台上、橡胶跑道上、足球场上到处都是学生围起的大大小小的圆圈，那是我第一次真切地看到孩子们除去那青涩的学生面孔之外的样子，每个人的脸上洋溢着的是由心底迸发出的欢乐与幸福。这才是他们最真实、最可爱的一面！

在那晚之前，我一心只想做一名好老师，尽可能地多教学生一些知识，让自己的课堂丰富、有趣，让他们多多了解外面的世界，走出这片并不算发达富饶的土地，让他们有机会去看看外面的大千世界。可那晚之后，我问了许多学生有关于他们的梦想，他们有的想当警察，有的想当藏文老师，有的想成为歌手，有的想成为医生……原来，他们想走出这里，却不是像我所想的那样留在一个更加发达便利的城市，而是为了变得更强，从而来回馈这片生养他们的土地。

都说，教育是一朵云推动另一朵云，一个灵魂唤醒另一个灵魂。

杨溢乘坐列车通往西藏自治区参加志愿服务

也许是我用知识这朵云在推着他们离梦想更近，也许是他们单纯质朴的灵魂在唤醒我重新正视从教初心！可现在的我只想说：雪域行一载，此生无悔；藏情系今生，不忘初心！

文 / 辽宁师范大学第五届研支团　杨溢

大学生支教，我们支援的到底是什么？习总书记在十九大报告中指出：“青年一代有理想、有本领、有担当，国家就有前途，民族就有希望。”作为一名刚从象牙塔走出来的大学生，亲身经历了这个新时代的丰富多元，我们有义务将丰富多彩的世界带给孩子们，点燃他们的梦想。对支教者来说，我们能在教育一线扮演怎样的角色？能为西部教育资源匮乏的地区做哪些有意的推动？我想杨溢的文章里可以找到答案。

愿与你分享这些旋律

在西藏的时候，常常戴上耳机，或是坐在校园操场静看漫天星空，或是坐在藏族司机的车上游山玩水，或者悠闲地穿梭在湿地公园和牦牛广场之间，总之，音乐一直陪伴在我左右。我总是觉得听觉带来的记忆要比脑袋好得多，你是不是也会经常听到某段旋律，想起某个人，抑或是某个难忘的瞬间，连带当时的空气都会历历在目？

《怀念青春》 演唱：刘刚

《FLY》 演唱：ANU

《筑梦雪域江南》 演唱：藏族教师——园丁之音

《到西部去》 演唱：大学生志愿服务西部计划主题歌

《遇见》 演唱：孙燕姿

《流浪》 演唱：卢焱

《逝年》 演唱：夏小虎

《给所有知道我名字的人》 演唱：赵传

《拉萨谣》 演唱：央吉玛

《陪我到可可西里去看海》 演唱：大冰

愿与你分享这些文字

有人说：读书足以怡情，足以博采，足以长才；读书使人开茅塞，除鄙见，得新知，养性灵。梁启超曾说：“书宜杂读，业宜精钻。”

今天分享几本在西藏时常捧手里的几本书，它们不一定能带给你茅塞顿开的觉悟，但能从中看到广阔的世界，读到永世不朽的精神。我喜欢一本书，常常是因为喜欢这本书的作者，读他的文字胜似和作者交谈，那种心境是一件多美好的体验啊！

《最牦牛》　作者：吴雨初

《看见》　作者：柴静

《如果我活着回来，就接受现在的人生》　作者：小朱飞刀

《俄罗斯吹来的风：叶赛宁抒情诗选》　作者：叶赛宁

《精进：如何成为一个很厉害的人》　作者：采铜

《不要因为走得太远而忘记为什么出发》　作者：徐泓

《给孩子的诗》　作者：北岛

《无性别的神》　作者：央珍

《人性论》　作者：大卫·休谟

《苦才是人生》　作者：索达吉堪布

愿与你分享这些画面

一部好电影，在于是否能带给我们思考、带给我们正能量。在知乎上看到过这样的回答：“人生的本质就是一连串的体验和冒险，而电影的本质就是安全的冒险，以最安全的距离去接触各种危险、刺激和梦幻。”是啊！有些话你不敢说，电影里的主人公会替你说出，那句话便成为你最喜欢的台词；有些事你不敢做，电影里的人却敢做，那些行为便成为你整日推崇的幸福生活。看看这几部电影和纪录片

吧，也许能在你平静安逸的生活里增添些许味道，让这些美好的画面融入你的生活。

电影《阿甘正传》 导演：罗伯特·泽米吉斯（Robert Zemeckis）

电影《绿皮书》 导演：彼得·法拉利（Peter Farrelly）

电影《冈仁波齐》 导演：张杨

电影《皮绳上的魂》 导演：张杨

电影《七十七天》 导演：赵汉唐

纪录片《牛粪》 导演：兰则

纪录片《第三极》 导演：曾海若

纪录片《极地》 导演：程工

纪录片《家是玉麦 国是中国》

2014年中国记者节特别节目《好记者讲好故事——陈琴》

【附西藏林芝支教地领导同事信件】

你的自信.
你的开朗
留给我的
是美丽的记忆.
有缘再见!

你的自信，

你的开朗，

留给我的是美丽的记忆。

有缘再见!

扎西德勒，诸事顺利!

林芝市第二高级中学校长　拉巴旺堆

西藏支教的环境异常艰苦，但你却像高原的格桑花一样绽放在二高的校园。无论是教学工作，还是各种活动，都能出色的完成。相信你在完成学业之后，有了更深厚的个人素养积淀，定会在人生的道路上，总是遇见最好的自己！

宋发江

2018.7.10

西藏支教的环境异常艰苦，但你却像高原的格桑花一样绽放在二高的校园。无论是教学工作，还是各种活动，都能出色地完成。相信你在完成学业之后，有了更深厚的个人素养积淀，定会在人生的道路上，总是遇见最好的自己！

林芝市第二高级中学党总支书记　宋发江

“转山转水转佛塔，不为修来世，只为与你在途中相遇。”仓央嘉措的这首诗我很喜欢，与你共赏。人生的旅途很长、很长，不知还会相遇在什么地方。看到你自信的微笑，心中留下不泯的印象。

面对艰难险阻不要犹豫，想想当初的希望和努力。我们早应有这样的思想准备：在前进的路上没有坦途！

援藏的路上，感谢有你。美好的回忆中藏进深深的祝福，温馨的思念里带去默默的祈祷：多多保重，学业有成。

罗宗勇

2018年7月15日于西藏

“转山转水转佛塔，不为修来世，只为与你在途中相遇。”仓央嘉措的这首诗我很喜欢，与你共赏。人生的旅途很长，很长，不知还会相遇在什么地方。看到你自信的微笑，心中留下不泯的印象。

面对艰难险阻不要犹豫，想想当初的希望和努力。我们早应有这样的思想准备：在前进的路上没有坦途！

援藏的路上，感谢有你。美好的回忆中藏进深深的祝福，温馨的思念里带去默默的祈祷：多多保重，学业有成！

林芝市第二高级中学副校长（清华附中援藏教师） 罗宗勇

难忘的是你甜美悦耳的声音，其实沉淀下来的记忆是珍贵的，忘却的是无法捡拾的过去。过去的不值得留恋，今天才应该珍惜，未来会留给你无数期待，活在当下，才可以更好地憧憬未来。祝福你的人生丰富而又精彩。

王军
于林芝
18.7.12

难忘的是你甜美悦耳的声音，其实沉淀下来的记忆是珍贵的，忘却的是无法捡拾的过去。过去的不值得留恋，今天才应该珍惜，未来会留给你无数期待，活在当下，才可以更好地憧憬未来。祝福你的人生丰富而又精彩！

林芝市第二高级中学语文教师（南开附中援藏教师）　王军

青山不倒
绿水常流
李玉红与孟婷老师共勉！

青山不倒，绿水常流！

林芝市第二高级中学
语文教师　李玉红

苒苒芳华来雪域，历经风雨灿春光。
递薪播火育格桑。
浩荡南迦传意挚，涌涛江水话情长，
并肩携手撰诗行。
时戊戌年七月，友侯台风题《浣溪沙》

苒苒芳华来雪域，历经风雨灿春光，递薪播火育格桑。

浩荡南迦传意挚，涌涛江水话情长，并肩携手撰诗行。

——《浣溪沙》

辽宁师范大学研支团同行友人　侯台风

后　记

不知不觉从西藏回来快一年了。我很喜欢回忆，喜欢记录青葱岁月留下的记忆和感动，无论是细碎还是烦琐，我都不厌其烦，总是将他们一一挖掘，脑影成像，再用文字呈现出来。

这本书里面很多观点只是我主观的记录，没有传奇经历和风云人物，只有平凡生命的喜悦和悲痛。贾樟柯说过，你有权利代表你自己，你也只能代表你自己。我写到的每一个人，同样只能代表他们本身。书写到此处，心头不觉对家人多了几分感激和感动。想起远在山西的父母，是至亲的家人对我执着的支持，才让我有梦可寻；想起西藏西部计划项目办和支教学校，是远方的家人为我遮风挡雨，才让我有爱可追；想起母校辽宁师范大学，是温暖的家人为我搭建平台，才让我有树可栖。感恩一切，感谢所有支持我的亲朋挚友。

很多人夸赞我去西藏支教是一件非常了不起的事情，而我常常心生愧疚。我心里清楚，跟长期奋战在青藏高原的人相比，跟祖祖辈辈生长在这片土地上的人相比，我微不足道，相差甚远。记得在刚来拉萨的火车上，听到一位年迈的老爷爷给我们整个车厢的志愿者讲“西藏精神”，后来这个精神成了我做事的准则。老西藏精神是：

特别能吃苦，特别能战斗，特别能忍耐，特别能团结，特别能奉献。新西藏精神是：老老实实做儿女，踏踏实实干工作，艰苦不降标准，缺氧不缺精神。在西藏艰苦恶劣的自然环境条件下，西藏人必须吃苦耐劳、团结奉献。在这一年当中，我成长速度很快，也深知当一名教师的不易和深情。

说实话，当老师确实是个走心的活，无论什么时候都要有充沛的精力和足够的耐心，去解答孩子们各种奇奇怪怪的问题。有时候孩子们会问："老师，雅鲁藏布江和大海哪个大？"有时候还会收到一封用口水粘起来的信，里面写着"好好学习、天天向上"的自我鼓励。有时候他们会趴在耳边告诉我："老师，我长大了想和您一样去支教！"就是这些平凡而具体的生活，承载着我作为一名支教志愿者的信念和理想。幸福的人大多相似，现在我最大的幸福就是看到曾经带过的学生在明年高考中考上心仪的大学，看到灼灼桃李的盛开。

我很喜欢西藏这个地方。在我记忆里，第一次去藏族百姓家时，他们住的房屋，窗子几乎都是大红色的，阳光一照，它们就像是一个个相框。站在门外，你会看到它镶嵌着藏族姑娘甜美的笑脸；站在房内，你会看到它把雪域变成了一幅壮观的画卷。还记得第一次在茶馆悠闲地吃糌粑、喝酥油茶，味道记忆有些模糊了，但清楚地记得那一双大手在锅里为了一个个远方而来的客人做糌粑，心生温暖。

人生因敏于求知而精彩，青春因无私奉献而崇高。如今，还有更多的志愿者队伍正拼搏在祖国的大江南北、万水千山，做生命中最值得的事情。

愿你我有缘此生，不忘初心，不负光阴，活出自我，终得精彩。

2019 年 8 月